"互联网+"背景下高校
学生管理创新与实践研究

陈清升 著

中国农业出版社

北 京

前　言

目前，随着高等教育体制改革的不断深入，社会对高校提出了新的要求，高校对学生管理工作关注程度越来越高。高校学生管理工作是建设和谐校园的基础。众所周知，学生乃学校生存之本，没有学生，任何学校都无法存在，也都会失去其存在的意义。对于占学校人数绝大多数的学生，高校学生管理工作怎么去开展、开展得好不好，会对建设和谐校园产生直接而重要的影响，切不可小视。

正是出于这样的考量，本书从高校管理的相关基础理论出发，对高校学生的各方面管理以及各种管理制度在"互联网＋"时代背景下的新发展，将高校管理制度如今的发展程度以及未来的趋势展现给读者。

本书共分为八章。第一章内容是高校学生管理概述，第二章内容是高校学生管理工作的基础探究，第三章内容是"互联网＋"时代下的高校学生管理主要理念，第四章内容是"互联网＋"时代下的高校学生事务管理创新，第五章内容是"互联网＋"时代下的高校学生心理管理创新，第六章内容是"互联网＋"时代下的高校学生危机事件应对管理探究，第七章内容是"互联网＋"时代下的高校学生管理法制化，第八章内容是"互联网＋"时代下的高校学生管理工作的发展趋势展望。

本书在撰写过程中，搜集、查阅和整理了大量文献资料，在此对学界前辈、同仁和所有为此书编写工作提供帮助的人员致以衷心的感谢。由于著者能力有限，编写时间较为仓促，书中如存在不足之处，衷心敬请广大读者给予理解和指正！

著　者

2024 年 2 月

目 录

第一章 | 高校学生管理概述

第一节　高校学生管理的概念与内容

一、高校学生管理的概念

高校学生管理是高等学校领导和管理人员为了实现高等学校学生的培养目标，按照国家的教育方针和各项政策法令，科学地有计划地对学校内部的人、财、物、时间、信息等进行组织、指挥、协调并对其进行预测、计划、实施、反馈、监督等的一门管理科学[①]。

在学校管理的构成中，高校学生管理因其广泛而深刻的内涵属性，成为其中相当重要的组成部分。首先，要考察被管理者（年轻的大学生）的生理与心理特征、知识结构与能力结构、个人兴趣和环境氛围等因素对其影响程度，了解其心理的改变和管理的规律性。其次，要考察管理者自身（专门负责学生管理工作的人员）所必须具备的思想境界、文化程度、理论知识和业务素养，以及这些素质的培养与管理者队伍建设。最后，还需要对学生管理的管理原则、管理方法、管理机制以及学生在学习、生活、课外活动、思想教育中的具体管理目标、原则、政策、法规等进行详细研究。

高校学生管理符合教学科学规律，所以可将其视为一种教学活动，但是与此同时，它又具备了管理科学规律，所以它又是一种具体的管理工作。作为一门综合学科，高校学生管理是由高等教育学和管理学交叉结合产生的，其研究主题就是以效率为中心，而研究领域的重点就是如何提高高校学生的管理效能，从而使其更好地实现其培养目的。中国高校管理工作，就是要根据党中央和国家的教育政策，为德、智、体、美、劳全面发展的专业技术人员制定组织机构、最佳计划、最佳决策、最佳运作流程、最佳管理制度。其中包含了许多学科：马克思主义哲学、高等教育学、统计学、社会学、管理学、心理学、行政学、控制论、信息论、系统论等。所以，想要对中国高校学生管理工作问题

---

① 李正军：《高校学生管理工作概论》，河北大学出版社，2002年。

进行深入的研究，应充分利用多种相关的科学的理论，对其进行深入的剖析，从而达到对高校学生进行高效管理的目标。

在对高校学生进行管理的过程中，要正确处理以下两种关系：

第一，规章制度与学生管理之间的关系。高校需要通过制定并实施必要的规章制度来实现对本校学生的管理工作。教育部根据党和国家的教育方针、青年大学生成长的特点以及长期以来的工作经验，已经制定了《普通高等学校学生管理规定》，这是对高校学生进行科学管理的一个基本的法规性文件。在此基础上，各高校也从自身实际情况出发，制定了一系列规章制度。学生管理的实践反过来又丰富了规章制度的内容，使之更加全面化、科学化。

第二，学生管理与思想政治教育之间的关系。在强调管理工作重要意义的同时，不可忘记思想政治教育的重要保证作用。不管是抛弃了思想政治教育只强调严格管理，还是只强调思想政治教育而抛弃制度管理的做法，都是片面的、错误的，且是不可取的。因为管理也是教育的一种手段，教育又能保证管理的推行和实施。因此，唯有将思想政治教育同严格管理进行科学有度的结合，才能真正地确保高校学生管理工作开展得井然有序。

二、高校学生管理的内容

高校学生管理是高校对学生从入学到毕业的在校阶段的管理，涉及的内容很多，其中较为主要的包括以下几个方面：

(一) 德育管理

高校在开展学生管理工作时，德育管理是一项十分重要的内容。所谓高校学生的德育管理，就是高校根据高校学生的身心发展特点和品德形成规律，有计划、有组织、有目的、系统地对高校学生的心理施加影响，把一定的思想和道理转化为高校学生个体的思想品德的过程。也就是说，高校在开展学生管理工作时，要注意与德育相结合。

(二) 学习管理

高校学生的学习管理，就是高校按照一定的专业教育标准，有目的、有计划地对高校学生进行专业教育，使其最终成长为具有丰富、系统的专业知识与技能的合格人才。具体来说，以下三方面的学习管理工作是高校必须具备的。

其一，对学生的学习能力和知识掌握的管理。

其二，对学生的其他能力和技能掌握的管理。

其三，对学生的智力发展和生活自主的管理。

(三) 学籍管理

高校学生的学籍管理，指的是对高校学生（通过合法渠道获得该学校的入学与学习资格的学生）在校园内的一系列会对学业、毕业情况造成影响的行为与事件的管理，其中包括对学生在考试中取得的成绩的记录、学生在经历一个学期的学习后的升级或留级或降级情况的了解和记录、学生由于在校内或者校外的行为而受到的奖励与处分等，包括学生由于特殊原因而导致的退学、复学以及转学等行为，通过学业资格检测和认证的学生就可以毕业并得到相关证明，反之则需要重修或者成为肄业生。学校在对学生的学籍进行管理的时候不但要符合国家制定的法律法规，而且要遵循科学性原则、符合教育理念，根据学校一贯的教育方针和教育界最新的教育成果以及每个不同学生的特点，做到在管理方面符合每个学生的身心发展规律，只有在合适的管理规范与制度下，管理工作才能良好展开。具体来说，高校学生的学籍管理要做好以下几个方面的工作。

其一，做好大学新生的入学审查。

其二，做好高校学生在学习过程中的成绩管理。这对于了解和掌握教师的教学质量和学生学习情况有很大帮助，如果能够在教学过程中找到原有方法的不足之处并且加以改进，那么对学生的主动学习能力的提升是很有好处的。

其三，学生在高校学习的目的除了丰富自身的知识储备并提升自身的学习技能与其他能力之外，同样重要的就是获得毕业证明作为日后工作的敲门砖，高校在尽量保证每个学生都能在经历学习后得到满意的结果，但对于未曾认真学习的学生不能随意发放毕业证书，否则同样是对其他学生的不公平，在关于学生是否有资格获得毕业证书的审查中应保证严格而不苛刻。

（四）生活管理

在高校学生管理工作中，对高校学生生活方面的管理是一项十分重要的内容。其不仅会影响到高校学生的身心能否得到健康发展，而且会影响高校学生能否建立正常的学习、生活和工作秩序，还会影响到高校的人才培养目标能否得到有效实现。因此，高校必须对学生的生活管理予以足够的重视。

高校学生的生活管理，从内容方面来说应包括对高校学生在校期间的一切生活活动的管理，如饮食管理、起居管理、着装管理、健康管理等。

（五）行为管理

高校学生的行为管理，也是高校学生管理的一项重要内容。所谓高校学生的行为管理，就是高校要对学生的日常行为进行指导、监督、检查及纠正，以引导高校学生切实形成良好的行为。

这里需要特别指出的一点是，在对高校学生的行为进行管理时，要特别注重引导高校学生形成健康的道德行为，这对于保证其身心的健康发展具有重要的作用。

（六）体育管理

高校学生要想成才，为社会主义现代化建设作出贡献，首先要具有健康的身体。因此，在高校学生管理工作中，高校学生的体育管理也是一项不可忽视的内容。

所谓高校学生的体育管理，就是高校组织、指导高校学生按照一定的体育标准，开展体育活动的实施、管理、评估的过程。在锻炼学生的过程中必须要做到计划性和组织性，任何锻炼行为都要有其目的，只有这样的锻炼才是有效果的，才能做到既不损害学生的其他文化课学习与身体健康，又能逐步加强学生的身体素质，以应对在校紧张的学习和日后工作的需要。此外，高校学生的体育管理要想取得良好的成效，应特别注意以下几个方面。

第一，高校学生的体育管理必须与高校学生的身心特点相符合。

第二，高校学生的体育管理必须与教育规律相符合。

第三，高校学生的体育管理必须与体育管理原则相符合。

第四，高校学生的体育管理要尽可能以最少的投入来获得最佳的体育效益。

（七）课外活动管理

高校学生的课外活动管理涉及两个方面：一方面是高校学生在校内的课外活动管理；另一方面是高校学生在校外的活动管理。在具体开展这一管理活动时，以下几个方面要特别予以注意。

第一，学生的课外活动不能是漫无目的、信马由缰的，而应该是有目的性和有意义的，管理者应当确保学生的课外活动远离低俗、不健康的内容，让学生在放松身心的课外活动中既能消除日常学习带来的疲倦，又能陶冶情操、拓宽眼界。

第二，要确保课外活动能够提高高校学生的思想政治觉悟，为形成高校学生正确的世界观、人生观、价值观奠定基础。

第三，要确保课外活动能够使高校学生获得较多的人际交往能力，以有效培养高校学生的人际交往能力和适应社会的能力。

第四，要确保课外活动能够有效培养和发展高校学生的兴趣爱好，发挥高校学生的特长。

（八）高校学生的卫生管理

高校学生的卫生管理也是高校学生管理的一项重要内容，具体涉及以下几个方面。

第一，高校学生的作息制度卫生管理。

第二，高校学生的教学卫生管理。

第三，高校学生的课外活动卫生管理。

第四，高校学生的体育锻炼卫生管理。

第五，高校学生的校园环境卫生管理。

第六，高校学生的教学设备卫生管理。

第七，高校学生的膳食卫生管理。

第八，高校学生的供水卫生管理。

第九，高校学生的住宿卫生管理。

第十，高校学生的心理卫生管理。

第二节　高校学生管理的对象与任务

一、高校学生管理的对象

所谓管理对象是指"管理活动的承受者"。随着人类认识的深化和管理的科学化、复杂化，不同时期、不同学派有不同的见解：一是指管理活动所作用的各种具体对象。最初是人、财、物三要素；后增加了时间、空间，成为五要素；又增加了信息、事件，成为七要素。二是指管理活动所作用的特定系统，即把管理对象作为由多种因素组成的有机整体。系统与外界环境有信息、能量、物质交流。高校学生管理作为高等学校管理工作的重要组成部分，其相对应的工作对象无疑是指高校学生，从广义角度来看，这些学生应包括所有在高校求学的学生，即专科生、本科生、硕士生、博士生等。因为这些人都是高校学生管理活动的承受者。高校学生管理牵涉到诸多知识体系，包括管理学、教育学、青年心理学、政治学、人才学等，因此，高校学生管理是一门综合性、政策性很强的应用科学。它具有自己独特的研究对象，这个对象就是学生管理活动本质的、内在的联系及其发展变化的规律①。

作为学校管理的一个重要组成部分，高校学生管理和其他管理工作的共同之处在于，它的研究对象同样是教育领域某一方面的规律和特殊现象，因此，它不可避免地会受控于教育领域总规律。但是，与其他类型的管理工作相比，高校学生管理工作又是相对独立的。想要真正看清高校学生管理工作本质上的特殊规律，并使其变成一门独特且有效的管理工作，就必须在充分了解高校学生管理工作和其他管理工作之间的共性与联系的同时，又能够清晰地分辨高校学生管理工作的独特之处。

---

① 刘伦：《高校学生管理制度创新探索》，重庆大学出版社，2006年。

作为一门管理工作，一般而言，总要有相应的学科知识成为其所依循的工作方针，而一门学科的成立必须具有一套系统的范畴体系，这是其必不可少的条件。范畴体系既可以展示研究内容，又可以体现研究角度，同时又表明了其相互之间的关系。所以，准确而恰当地表述高校学生管理学的研究内容的最好办法，就是确立这门科学的框架和范畴体系。

高校学生管理工作要研究的内容应涵盖以下几个方面：

（1）学科理论的研究。其包括高校学生管理科学的性质、理论基础、研究对象和领域、主要研究任务、学科的地位和作用，高校学生管理的指导思想和原则，如何对历史的经验进行抽象和概括以纳入理论体系之中，如何移植、融合相关学科的理论，不断丰富、完善和发展高等学校学生管理科学等。

（2）方法论的研究。研究高校学生管理科学的方法论，一方面要研究根本的思想方法；另一方面还要研究具体的管理方法，如思想政治教育管理、大学生社区管理、教学与学籍管理、校园文化管理（含网络管理）、社会实践管理、社团管理、心理健康与咨询管理、就业管理、党组织和党员管理、学生干部队伍管理、学生群体性突发事件的应急管理等方面的管理方法与手段。

（3）组织学的研究。高校学生管理是一项系统工程，必须形成有效的网络系统，发挥最大的组织功效，如高校学生管理的组织领导体制、学生管理队伍的建设、学生管理的现代化趋势等，都必须做更为深入、全面的探讨。

（4）学生管理制度与国家法律法规、中央相关政策、教育规律、教育法规、政治文明建设进程的相互关系的研究。

（5）学生成长规律、心理生理特点与管理工作的有机联系研究，青年群体之间相互作用关系与高校学生管理工作的互动共生研究。

二、高校学生管理的任务

高校学生管理工作的主要任务有以下几个方面：

（1）系统总结我国高校学生管理工作的经验和教训。对我国高校学生管理工作的经验与教训进行系统总结，是高校学生管理的一项重要任务。高校学生管理是一种既古老又年轻的社会工作，说它古老是因为它有着悠久的历史传统，说它年轻是因为它有着崭新的时代内容。自 20 世纪初期，我国就开始探索高校学生管理的经验，而且每一个时期都有不同的学生管理工作理论基点和实践探索。这些对于当前更好地开展高校学生管理工作都有重要的借鉴意义。

（2）构建有中国特色、符合时代精神的高校学生管理模式。对于高校学生管理来说，一项重要的任务便是在总结以往的高校学生管理经验与教训、借鉴国外先进的高校学生管理经验的基础上，积极融合教育学、社会学、政治学、青年心理学、系统管理学、文化学等相关学科的知识理论，构建有中国特色、符合时代精神的高校学生管理模式，以便在提高高校学生管理质量的同时，促进我国高等教育的进一步发展，即能够根据时代的发展要求培养出更多、更优秀的高素质合格人才，为我国的社会主义现代化事业添砖加瓦。

（3）加强科学研究，注重实践探索，不断发展高校学生管理工作的理论体系，推动高校学生管理工作模式健康运行。尽管学生管理工作有着丰富宝贵的实践经验和悠久的历史传统，但就总体而言，它与不断发展的中国特色社会主义发展趋势还存在着某些不适应，还面临着许多亟待解决的问题，无论是从理论要求上，还是从实践需求上，都需要科学化、理论化、法制化、人性化等诸方面的规范。因此，作为学生管理工作者，必须加强学生管理工作的科学研究，大胆探索，不断创新，切实把握新时期学生管理面临的新问题、新内容和新特点，努力用新方法、新思路和新手段去适应学生管理的新规律和新形势，使学生管理的理论与方式与时俱进，不断丰富和完善。

（4）以理论创新推动实践创新，促进学生管理工作的科学化、法制化和人本化。如何体现其管理制度的科学化、法制化和人本化，这是一个理论研究的问题，不仅需要研究法律与青年学的相关理论，还需要研究管理学方面的理论，同时更应注重将管理学、法学、青年学有机结合起来，形成理论上的创新，推动实践创新。因为高校学生的管理不是一般的管理，而是一种对青年的管理，这种管理是要将这些有着一定知识的青年培养成德、智、体、美、劳全面发展的人才的管理，换言之，这种管理的最高宗旨是要促进学生全面发展，使其成为国家的建设者和接班人。这就使学生管理工作牵涉到一系列的理论研究与实践探索，这就是现实交给学生管理工作者的光荣而艰巨的任务。

第三节　高校学生管理的特征与作用

一、高校学生管理的特征

（一）政治性特征

学生管理工作作为一种手段，是为教育方针服务的，而教育方针是一定时代的政治、经济和文化等现实在教育领域的反映。众所周知，中外教育史上都有重视德育的传统，但不同时代、不同社会，其德育中德的内涵是大不相同的[①]。

学生管理工作的政治性，决定了学生管理工作者必须具备应有的政治素质，不断提高自身的政治敏锐性，时刻关注政治局势，把握大局，保持与党中央的高度一致。

（二）针对性特征

学生管理既然是管理，就不会离开管理学科的特点，它不可避免地要吸收国内外相关管理科学方面的理论知识体系和工作经验。但高校学生管理不同于一般的管理，它有着自己的特殊性。这些特殊性至少表现在以下三个方面：

（1）管理的对象是高校学生（社会角色而言），他们本身就是一个特殊的社会群体，是一群掌握着一定基础知识和专业知识的潜在人才群体。

（2）管理的对象是青年（生理、心理角色而言），他们处于血气方刚、激情澎湃、感情冲动、充满朝气的人生阶段。

（3）管理的对象是正在接受知识教育和思想道德教育的青年群体，他们是一个处于想独立而在经济上又不能独立的半独立状态的青年群体。

以上三方面的特点决定了高校学生管理的针对性，决定了高校学生管理必须涉及青年学、生理学、心理学、教育学、人才学和管理学等诸多方面的知识体系。

从青年学（含生理学、心理学）的角度而言，应当看到，高校学生管理面对的是朝气蓬勃的青年人，他们的世界观、人生观、价值观尚未完全定型，他们对异性的关注和对人生的理解等都有着这个时代的烙印，受到所处的时代环境的影响，与 20 世纪五六十年代生长起来的一代人是有着明显的区别。要管理好他们，就必须研究了解他们；要研究了解他们，就必须把握时代特征；要把握时代特征，就必须弄清楚这个时代的政治、经济、文化及科学技术发展的大方向。

从教育学的角度而言，高校学生管理必须有利于青年大学生的成长，必须符合教育规律。换言之，就是大学生管理必须按教育学、人才学所揭示的规律来进行。例如，德育、智育、体育、美育、劳动技术教育之间的关系如何在学生管理中有机融合的问题，知识的获得与能力的培养如何有机协调的问题，尊重学生个性与学校统一管理如何获得有效一致的问题，课堂教学与社会实践如何结合的问题等，都是需要认真研究探索的。

从管理学的角度而言，科学的管理从本质上讲是法制化、人性化的管理。

---

① 刘伦：《高校学生管理制度创新探索》，重庆大学出版社，2006 年。

管理的有效实施离不开规章制度的建设，而法律与规章制度的制定往往是以一定的理念为指导的。在法学中，指导法律制定的是法理（法律理论）；在政策学中，指导规章与政策制定的是政治理论和与政治理论相关的哲学理论。由于法律、规章及政策所针对的都是人，所以都离不开对人的理性化认识。

（三）科学性特征

对于高校而言，建立一套集德、智、体、美、劳及日常生活管理于一体的系统管理制度，其实质是一种约束和规范，即把学生的思想、情感、行为和意志等引导到国家所倡导的培养目标上去。这一活动目标的实现要求制度具有科学性，而高校学生管理制度的科学性至少包括以下几方面的内涵：

（1）符合法律法规，即要求学生管理制度符合国家的法律法规精神的要求。

（2）符合学校的实际，学校的实际包括学校的层次类型以及学校所在地的地域人文风情。

（3）符合高校学生的生理、心理特点。这就要求高校的学生管理制度制定者必须了解学生，既要了解高校学生的实际情况，又要清楚培养目标与要求。

（4）具有可操作性。作为管理制度，有理论指导，又与理论有所不同，其最大的特点就是它必须具有可操作性才能真正达到管理的目的；没有可操作性，再好的制度也只能是理论上正确而不能执行的制度。必须指出，在现实中确实有高校存在难以操作的、正确的规章制度。

二、高校学生管理的作用

实现中国式现代化宏伟目标，需要千百万建设社会主义事业的专门人才，而高校在现代社会中是人才的"加工厂"，担负着培养人才的重大责任。高校学生管理工作是高校教育管理工作的重要一环，其责任总体上与高校的根本任务是一致的，这种责任决定了高校学生管理工作的重要作用。它主要反映在以下几个方面：

（一）育人的作用

高校学生管理是高校管理的重要方面，高校是人才培养的基地，高校管理是为培养人才服务的，高校学生管理更是直接针对高校学生的，但这种管理却与一般意义上的管理不一样，它不是单纯的管理，而是带有教育性质的服务，即不仅要通过管理促进高校的有效运行，而且要通过管理达到教育目的，使学生成为高校的合格的"产品"。也就是说，高校的学生管理是一种"管理育人"的管理，这种管理要与高校的教学、思想政治工作和心理健康教育等一系列工作有机结合起来，产生一种管理育人的效果，促使教育方针在高校真正得到落实。

（二）稳定的作用

高校学生是一个特殊的社会群体，他们具有青年的特质：朝气蓬勃、充满激情、追求真理、关心时事，但同时也有着青年固有的不足。他们在法律上是具有完全民事行为能力人，但从某种意义讲，他们在心理上却是准成年人。与其他同龄人相比，他们掌握着更多的知识，但较之真正的知识分子，他们的知识又存在结构上的缺陷和知识量上的不足。在全面建成小康社会的过程中，各种政治、经济、社会和文化等方面的矛盾必将反映到高校学生身上，如果管理不到位，高校的群体事件就可能变为政治性群体事件，从而给社会的稳定带来负面影响。因此，依法管理，预警在先，通过制定并实施符合学校实际的规章制度，引导高校学生端正学习态度，明确学习目的，掌握正确的学习方法，养成良好的生活习惯，通过各种渠道和措施，为高校学生建构良好的心理品质，形成稳定的情绪，从而保持学校的稳定，是高校学生管理的重要作用之一。

（三）增能的作用

高校是培养人才的场所，因此，高校的学生管理应有培养学生的功能，应发挥增强学生能力的积极作用。例如，社会实践的管理，可以增强高校学生的社会实践和社会活动能力；实验室的管理，可以增强学生的动手能力；心理咨询可以提高学生自我认识、自我调节的能力；学生的党团活动可以提高学生对党团的认识水平等。

第四节　高校学生管理的系统方法和关系处理

一、高校学生管理的系统方法

高校学生管理的方法就是高校为实现学生培养目标而在德、智、体、美、劳及其他方面所采取的具体方式、步骤、途径和手段，较为重要且常用的有以下几个方面。

（一）管理调研

所谓的高校学生管理方法调研强调的正是对管理方式的系统性的研究，这一方法要求管理者在对高校学生进行管理的时候要经常性地、全面地、客观地对学生的实际情况进行调查、了解与分析，以便以此为依据及时采取相应的措施来促使高校学生管理工作取得实效。

高校学生管理在运用调查研究这种方法时，要确保取得良好的成效，必须做好以下几个方面的工作。

第一，在对高校学生进行调查研究时，要对调查对象、调查目的、调查方法等进行科学合理的规划，切不可临时应付，草率从事。

第二，在对高校学生进行调查研究时，应坚持实事求是，切不可被围于条条框框或是别人的指示、意见等。

第三，在对高校学生进行调查研究时，要切实从马克思主义的立场、观点、方法出发，对调查材料、调查事物进行合理的分析与研究。

（二）管理制度

高校在开展学生管理工作时，建立科学有效的规章制度是一种十分有效的方法。高校在建立规章制度时要注意以下几个方面。

第一，高校所建立的规章制度应与教育规律和德、智、体、美、劳培养目标相符。

第二，高校所建立的规章制度应与高校学生的身心发展特点以及发展现实相符合。

第三，高校所建立的规章制度应能够随着高等教育发展的深入以及自身发展的实际而不断得到丰富与完善。

（三）行政权限管理

对高校学生进行行政管理的概念，就是要求高校的管理者在执行管理工作的时候要对其管理的计划、目标、内容制定一系列规章制度、执行措施和高校学生行为规范，用行政方法进行管理，并通过相应的管理部门及其人员和师生员工实施监督检查，最终实现对学生的管理要求，对被管理的单独的学生或者整个学生集体做出统一的管理要求。如果将高校学生的行政权限管理行为落实到具体的工作当中，高校管理者可以借助以下两个有效的形式实现这一工作的有效落实。

（1）表扬。高校在开展学生管理工作时，对于那些遵守管理制度、行为符合规范的集体和学生，应适时、适度地进行表扬。

（2）惩罚。高校在开展学生管理工作时，对于那些违反管理制度、行为不符合规范的集体和个人，应进行一定的惩罚，以便其能够认识到自己行为的不足，继而改正自己的不良行为。

二、高校学生管理的关系处理

在开展高校学生管理工作的过程中，要确保该项工作取得良好的成效，需要处理好以下两个方面的关系。

（一）学生管理与规章制度

高校学生管理的有效实施与实现，离不开合理的规章制度的支持。当前，教育部以党和国家的教育方针、青年高校学生成长的特点以及长期以来的工作经验为基础，制定并颁布了《普通高等学校学生管理规定》，切实明确了如何科学地管理高校学生。与此同时，各高校也以自身的实际发展情况为依据，制定了适合自身的规章制度，以对本校学生进行科学的管理。

此外，在高校学生管理实践中对各种规章制度进行运用，可以发现规章制度中的不合理、不完善之处，从而促使与高校学生管理相关的规章制度不断丰富和完善。

（二）学生管理与思政教育

在开展高校学生管理时，如果只强调严格管理而忽视思想政治教育，或只强调思想政治教育而置照章管理于不顾，只能导致高校学生管理以及思想政治教育都无法达到预期的成效。因此，在开展高校学生管理工作时，必须积极与思想政治教育相结合，以促使高校的学生管理工作真正走上井然有序的轨道，继而在高校管理以及学生培养方面发挥更大的作用。

第五节　高校学生管理的发展现状与相关分析

一、强势管理——专制服从

（一）科学主义

科学性或者说科学主义，一向是研究和管理工作当中必须秉承的重要理念，也是了解一种事物本质的最好方法。科学最强调的是数据和实验，科学主义在管理工作当中的运用体现在管理工作的数据化和量化上，管理者可以通过实验的方法及时获得需要的数据或者结果，这样的获得方式更加准确而容易定量，而且远比管理者在经过长时间的管理活动后慢慢总结出结果的行为更具效率。如果将学生管理工作和科学主义方式相互结合，那么本来比较笼统的管理工作、管理方法和管理成果就都可以用清晰的方式表达出来，原本相对比较模糊的地方则会变得精准而规范，数字化表达能够让冗长的文字叙述模式得到简化，管理者能够从数据化结果中得到更加严谨且清晰的结论。在这种强调科学主义的管理模式下，制定管理方法的人是教师，教师制定管理规定以规范学生行为，其思路来源是自身对学生的了解以及过去的管理规定的沿用，而监督学生是否能够严格按照自己制定的管理政策进行学习、生活等一切行为的人依然是教师，教师判断学生的行为规范程度与是否处于健康发展路线的标准都是自己制定的规矩，把自己的教学经验和为人师表认可的管理法则作为学生管理工作的规范，在开展管理工作的时候否定其他的管理方式与学生的其他发展路线，将科学主义的学生管理方式作为唯一的管理方式，这是一种近些年普遍存在的科学主义向教学管理活动中偏移的现象。

这种带有浓重的科学主义色彩的学生管理方式除了在管理工作中有实际意义之外，同样也带有一定的哲学色彩，也就是上文提到过的侧重传统与权威的学生管理方法，这种管理方式的哲学取向与核心思想在于对效率的追求，是一种通过科学的方式方法代替缓慢的经验积累过程、使用标准的规范化管理方式代替给学生一定自由空间的人性化管理方式的管理方法，科学主义对学生管理工作的融合是新时代下学生管理工作探索中的成果之一，虽然并不圆满但也是找寻正确答案的重要一步。

（二）由来与发展动因

之所以会存在以权威服从为中心的高校学生管理模式，正是其合理性的体现，凡事存在即合理，即使如今的以教师的科学主义管理模式为背景的权威服从型管理方法有偏颇不足之处，但就像任何制度都存在问题一样，并不能因为这种不足而否认其存在价值。如今这种带有传统性的高校科学主义管理方式的合理性一方面体现在教育管理制度从古到今的发展规律中，另一方面则体现在更加庞大而全面的全社会的历史发展中，无论是从教育发展还是社会制度发展来看，权威管理模式都是一种具备合理性和必然性的管理方式。从这两个不同的角度看，权威管理与服从的意义也是不一样的，如果从高校教育管理来看，无论哪一种教育管理理论强调的都是对人才的培养，而为了达到效果教育管理不能影响正常的教学活动，管理行为必须保证行之有效且合乎规定。因此，权威服从型管理这种更加偏向于批量性和共同性的教育管理有了更大的市场；而从全社会的角度来看，我们的社会在经济模式和经济体制的发展中是处于相对平稳而固化的状态，受到社会发展方向与模式的影响，我们的社会文化会向着更加偏向于约束性的方向发展。在新中国刚刚成立的时候，无论是在人才数量和质量方面，还是在经济建设等领域的表现，都明显不如西方发达国家，因此为了能够尽快大批量催生出我国需要的优秀人才，不得不将教育等管理偏向于系统化和标准化的模式，这样的教育体制下虽然个别人才的自主性和独特性很难发挥出来，但是普通人才更容易被培养出来或者说普通人更加容易成才，因此在特定的时期和社会背景下，这种教育管理模式不但是合理的而且是最适合我们的，这样的管理才能将学习者和管理者之间用于沟通磨合的精力节省出来用于落实具体工作。

科学主义最初并非诞生于教育领域，而且最早的运用也和教育无关，但是这并不能否认两者结合带来的新的教育模式，高校管理领域中加入了科学主义思想之后，激发了很多教育学学者和管理学学者的思路。让很多关于教育管理的理论被提出、有关教育管理的做法被落实，这种能够构成完整体系、能够将高校学生的管理工作变成一门系统化科学的做法在过去无疑是具有积极意义的，虽然这种做法在一定程度上会抹杀学生自主学习能力和独立创新能力，但是相对于当时因为时代的局限性而缺乏体系化的、具有更大缺陷的教育管理，这种做法确实带来了很大的好处，即便到了今天被很多教育学者摒弃，但是需要承认的是，无论是在历史意义方面还是在曾经发挥的作用方面，权威服从型教育管理都是必须存在的。当然，反过来看，这种曾经发挥了很大作用的教育管理模式在今天已经不再被人们奉为圭臬也是有原因的，这种教育管理模式中存在的问题同样很严重，如果一味坚持以教师为中心的教育管理方式，那么在完整的教育管理过程中必然会出现很多的问题，也许在这种管理方式方兴未艾、刚刚替代曾经的更不成熟的管理方式的时候这种缺陷还不是很明显，但是在长时间的使用或者更加先进的管理模式出现之后，其缺陷立刻就会被无限放大，被人视为不可克服、不可容忍的问题，从而导致这种管理方式被废弃。这种在如今很不讨喜的权威服从型教育管理模式中存在的问题主要表现在如下几个方面：第一，在教学活动中强调批量教育，为了集体的利益个人的得失会受到一定忽略；第二，要求集体中的个体必须与集体的节奏保持一致，如果跟不上集体的节奏或者标新立异不愿跟随集体，那么必然会受到整个集体的排挤；第三，使用这种教育管理方式会导致整个管理过程中的一切行为对制度和规定的依赖非常强，最初定下的规定后来人是必须遵守的，即使在某些情况下这些规定显得不近人情甚至完全不合理，但是接受管理的人和进行管理的人都难以对其进行改变，接受这种权威服从型教育的学生会在很大程度上被"磨平棱角"，个人身上最有灵气、最与众不同的部分会被制度逐渐磨灭，所有在这种教育管理制度下成长起来的学生最终能力的表现性都相差无几，其中很难看到属于个体的光彩。因此，这种教育管理模式也被很多人看作在人才匮乏而教育资源不足以培养出更多的具备个性化的人才的情况下不得不使用的方法，在教育资源更加丰富的今天是不提倡的。

（三）管理方法的特征

权威服从型教育管理方法在具体的表现中有如下三个特征。

（1）权威服从型教育管理在对学生的教育方面更加重视批量化教学而忽视作为不同个体的学生个人的内化。实施这种管理的时候管理者需要借助制度等具有权威性的文件对被管理者进行精神思想方面的量化教育，让每个被管理者都能够具备相差无几的服从性以及规范化和统一化的行为，从而实施最简单也最具效率的宏观性统筹管理。权威服从型教育管理模式下对学生的管理是统一的，这种管理方式是标准化和规范化的，既是公平的也是不公平的，公平之处在于所有受教育者接受的都是同样的教育，几乎不存在因为家世、财富等问题而产生的教育不公平问题，所有水平相近的学生学习的成果都是相差无几的；

而不公平则在于其中比较突出的人才会被埋没，在得不到与自身才华相符合的教育的情况下，真正的长处难以发挥，最终虽然也接受了与大家相同的教育，但是与其原本能够取得的成就相比已经算是泯然众人。

学生并不是以服从命令为第一天职的军人，所以制式、统一的标准可以批量培养普通人才，但真正能够带领某一领域科技或者一个时代高速发展的杰出人才注定不会是这种教育模式能够培养出来的，权威服从型教育管理在某种程度上是用规章制度代替一部分学生应有的思考，将学生自主能力和主观能动性的作用削弱了，如果从快速成才和眼前的知识吸收方面来看，这种管理方式确实有效，但从长远来看，学生的潜力是受到了损伤的。正是因为这种僵硬、刻板的管理风格，所以权威服从型高校教育管理也被称为工厂类型的高校管理模式，其隐含的意思就是学生在这种教育模式下如同制式产品一样具备相同的特征，缺乏那种不同特色的灵性。在这种教育管理模式当中，教育工作者的工作任务相对要轻松一些，在最开始的时候需要根据学生的规模以及学习内容等综合制定规矩，将学生未来的学习、生活等一切行为都纳入管理的范围内，接下来就是利用无处不在的规范和制度限制学生的行为，让学生的学习行为全部处于可控范围内，这样一来教育工作者付出什么样的精力、使用多长的时间、最终能够让学生得到什么样的学习成果就都是固定的，教育行为也就处于一种高度可控的管理状态下，这样的管理模式固然能够保证一种最基本的"成本收获"，但是在培养高端人才方面则是有心无力，所有的学生都长期处于同样的教育风格中，被要求必须按照同样的方式进行学习生活，长此以往，本来对知识有自己的想法的学生也会逐渐丧失主动性，因为这种学习方式与所谓规矩内的"正统方式"是相互违背的，因此一定会被管理者强行纠正过来，从而将学生的主观能动性压抑至谷底。所有的学生都要根据刻板的教条读书，最终得到的结果也难免大同小异，学生团体之间能够保持一致性，学习风格对集体学习是有好处的，过分独断专行的管理对个体学习又是很不利的，所以权威服从型的学习管理可以存在，但绝不能作为教育管理的全部。

（2）权威服从型教育管理方式重视学生在学习过程中对权威内容的服从而反对学生通过对主观能动性的开发对所谓的权威内容提出批判。在权威服从型管理的课堂上，高校规定及高校教师制定的规章制度和临时规定都具备非常高的约束力和指向性，无论是在课堂的学习中还是在课堂外的生活中，学生都要受到不同程度的约束，自主性完全无法得到发挥。在课堂学习当中，教学的内容、进度以及方式方法都是教师说了算，学生只能被动接受知识而没有任何权利选择或者给出建议，课堂上教师和学生之间互动的唯一方式就是教师选择学生回答问题，教师在教学活动中的水平发挥基本决定了学生最终的学习成果如何；除了正常的课堂学习之外，在班级的日常生活管理当中也有由教师任命的班级干部作为教师管理工作的辅助，其职责是在教师目力所不及的地方继续落实管理规定当中对学生的要求。这些班级干部需要组织普通的学生按照教师或者高校的要求参与到班级会议等班级生活当中，这也是对学生的约束之一。其他任何发生在校园当中甚至校园之外但是和学生的学业有一定关联的事情教师也会参与，甚至部分教师会独断专行直接替学生做出决定。

在这种教育管理模式下，学生的自主性完全无法发挥出来，不是学生不希望为自己的生活做主，也不是对自己的生活完全没有规划，而是外在条件并不允许学生施展本领，在具体的学习生活中学生的学习内容、学习方法等都是教师设计好并要求学生必须遵守的，部分教育方式比较极端的教师会要求学生在思想上也必须和规范相符合，这种做法就属于矫枉过正，说得难听一些，任何人都没有资格对其他人的自由意志做出干涉。教师在教学活动中要引导学生而非强行改变学生，更遑论要将学生的思想也刻板化，无论出于什么样的目的这种做法都是错误的。就像前文中着重提到过的，学生是教学活动中的主体和主人，所以无论是在教学活动中还是在教学规范的制定中都应该有学生的参与，只不过参与的程度会有所不同，无论如何全盘剥离学生参与制定与自己有关的管理规定的权利都和教育活动的初衷是不符合的，让学生变成一种仿佛只会被人填入不同知识的容器、变成会行走的两脚书柜，这显然是不公平的。

（3）权威服从型教育管理模式中的教育者只关注对学生知识的灌输，而对学生本身自我能力的养成及本来能够从相同的知识当中获得的不同的理解毫不重视。在我们如今比较认同的教育大环境下，无论是中西方哪位教育学者的教育理论中都一定会特别强调教育者要注重对学生的综合素质的培养和全面能力的养成，绝不会主张对所有的学生使用相同的教学方法从而将他们培养成一模一样的人才，这样的人才的批量化"生产"即使效率再高，这些人才也只能作为一个国家与社会的基础人才，科技的创新和技术的突破除了依靠大量工作者的努力以外更重要的还是杰出研究者的创新性思维以及一闪而逝的灵感。就像爱迪生所说，天才是 99％的汗水加 1％的灵感，但是如果没有最后这一点灵感那么再多的汗水也无法带来成功，这无疑也是对权威服从型的功利性教育的批判。

权威服从型教育管理模式下的高校教学管理者将教学过程完全看作是自己输出知识、学生接受知识，而不考虑任何其他方式是因为这种传承性的教学模式体系已经成熟，对其的任何增添和修改都可能会降低固有模式下的教学效率，对那些喜欢墨守成规、不愿意在教育管理事业中投入太多精力的教师来说都属于不必要的行为，因此这些教师往往强调在教学过程中学生只需要全盘接受教师灌输的知识即可，认为教师在教学活动中发挥的最大作用就是对学生展开说教，教师所说的一定都是正确的，教育管理规定中包含的就是学生所需要掌握的全部内容，学生的思考能力只需要用在对固定制式的思考和理解上，任何不在课本和课程范围内的内容都是多余的。坚持这种观点的教师往往不会关注学生真正需要的是什么，而只会告诉学生按照要求你们需要什么，这种做法只能将本就有其局限性的书本知识传授给学生，况且由于教师在这样的教学活动中也会缺少激情，所以学生学到的知识具体会打多少折扣就很难说了，加之这种教学相当于给学生套上枷锁而不在乎学生的思想内容与学习潜力，最终学生就像古时候文人喜欢的病梅，看起来似乎很符合圈子内所谓的规矩，但是实际上已经背离了自身的秉性，没能沿着最适合自己的道路发展，而是在外力的影响下呈现不甚健康的发展状态。

权威服从下的高校教育管理将学生视作没有任何自主性的容器，而且所有的容器在教育管理者眼中都是相同的型号，所以其中需要灌输的内容自然也是一样的，方法上也大同小异，至于其中"不合规矩"的个体是否会在这个过程中受损或者"变质"总是会被他们以集体的名义忽略，这就是我国的高校教育中涌现出的人才与西方有差距的重要原因之一，个性化永远是创新与开拓性思维的前提。习惯了规范性教育最终在学习和研究中都只会表现得循规蹈矩的学生也可以成为合格的研究者，但绝不会成为时代的引领者与革新者，因为批判性思维永远都是一个学习者敢于怀疑权威并挑战权威的必要条件，而对传统和权威的打破也是获得新的成果必不可少的一步。权威服从型教育管理从根本上扼杀了学生成为这样的人的可能性，一个没有自己特色、没有任何棱角的知识的容器无法支持知识的发酵与创新，只有更加先进的教育方法与教育理念才能带来自主型人才。梅贻琦对这种权威服从型的教育管理模式给出了自己的评价，他认为这种教育模式当中的学生接受知识的方式非常单一而死板，获取的知识当中十之七八都是被教师强行灌输的，这部分知识对每个学习者来说都是一样的，真正通过受到启发而得到的属于自己的知识在总的知识中不过十之一二罢了。这种评价如今看来不得不说非常客观了。

二、放任松散——温情人本型学生管理

(一) 人本主义

与权威服从型高校教育管理相对应的，是温情式的主张以人为本的管理方式。人本主义思想是我国从古至今始终坚持的基本思想主张之一，在春秋战国时期游走于各个国家之间向国家君主自荐的诸子百家中很多都奉行这样的理念，如儒家和墨家作为百家当中比较显赫的两家在思想核心中对"以人为本"这一概念都多有提及，儒家主张的以民生社稷为重的思想正是以人为本的另一

种表达，而墨家思想当中的"兼爱"与"非攻"也同样是在劝导世人要抛开世俗的成见，不能因为国家的界限而失去对他人的怜悯之心，这一思想正是以人为本的延展和深入探究，因为相对于儒家强调一时一地对自家人民的爱护，墨家的"以人为本"思想中"人"的概念要更加广阔一些。费尔巴哈是德国著名的学者与哲学家，他对人本主义思想有非常深刻的研究并有许多相关论述，费尔巴哈认为人本主义并不仅是讨论人与人之间的关系的哲学，这门哲学包含的是人与万物自然之间的关系，人与人、人与社会、人与自然界、人与整个世界都属于人本主义探讨的内容，而西方的人本主义思想在教育管理等领域的运用也完全是基于对人本主义哲学的探索，可以说两者之间是包含关系。

如果说纯粹概念的人本主义是脱离宏观的、形而上的哲学思想，那么这就是一门强调人与万物的关系以及人自身具备的尊严、力量与这两者带来的价值等的广义科学。在对这门科学的研究中，人的主观感受和主观行为以及这种主观能动性所代表的个人人格等具备很重要的地位。如果将这种对人本主义的细致研究代入到高校学生的教育管理工作当中，那么其所强调的内容就是学生的主观能动性对学习生活的重要作用。因此，如果是将这种以人为本的教育理念作为高校教育管理的标准模式，那么教育管理者发挥的作用就会相应地降低，教师对学生起到重要的引导作用而绝非主导作用，书本上的知识是固定的、课堂上所能接触到的知识是有极限的，但学生通过对这些知识的了解却可以打好基础，以基本知识作为自行探索和创造新的知识的桥梁，这才是高校教育应有的状态以及高校教学真正应该发挥的作用。教师在不对学生的自主能力与思维造成过大影响的基础上，应当加强双方之间的互动，这样教师才好做到因材施教，对具备不同特色的学生分别加以引导，以最大限度挖掘学生的潜力并培养学生自主学习的能力。

以人本主义为中心的温情高校教育管理强调要让学生发挥出全部的主观能动性，要将学生培养成具有创新能力和创新思维的新时代人才，在这种教育模式下，学生的锋芒毕露和头角峥嵘不但不是管理制度要打压的重点，甚至某些学生的表现如果非常惊艳，管理规定也可以为其修改。人本主义的教育的核心就是因材施教，既然有能力打破固有的教育模式，那么超脱原有教育模式的更加自由的教育就是其应得的奖励。

这种倡导温情式教学的人本主义教育管理模式从理念上来讲要比传统的权威服从型教育管理的理念更加先进，而如果能够正确运用也确实对人才培养有很大的帮助，然而这里也存在一个问题，那就是高校教师的素质也是良莠不齐的，同样的教育管理方式在不同的教师手中展现出的效果相差甚远。在这里批评的不是以人为本的教学理念，这种理念是我们如今仍然在提倡的，真正需要被批判的是部分高校教师无法清晰认识以人为本和放任自流这两个概念的差别。这部分高校教师错误地将以人为本的教育模式当作"让学生自己想办法学习",将自己从教学活动中完全摘除,连引导者的身份都不再担任,这样一来教师的存在简直就失去了意义,也有一部分教师并没有觉得自己的存在是不必要的,但是在对自身的定位方面存在很严重的偏差,非但不会对学生的行为加以正确引导,而且在进行本就具备的引导工作的同时还成为学生的保姆,恨不得做到事无巨细,只要是学生的事情自己就要代劳的程度,这种过分温情的教育管理模式也是从另一个角度以不同的方式折损学生的自主能力和自主思维。权威服从和以人为本相互之间几乎完全对立的教育管理方式强调的根本区别是外物(管理制度等)和人(学生本身),相对于前者用死板的条条框框去限制活生生的人的落后做法,后者有了很大的改善,对学生的管理不会使用过于死板的手段,教育过程中的各种规定都可以为了适应学生的具体学习生活需要而做出改变,这才是人本主义的核心所在,任何外物都是为人本身服务的,在人有需求的时候不需要因为外物而妥协而是要改变外物。这种教育管理方式虽然听起来似乎具备一定的唯心主义色彩,但是本质上其坚持的以人为本的思想,依然是以物质为基础,所以两种教育管理模式都可以并列为教育科学。

(二)由来与发展动因

人本主义思想最初来自哲学观念,正是哲学上的以人为本的思想将人们从原本对自然界中的各种现象的盲目迷信引入相信人类的力量足以改变自然的阶段,虽然出现文字记载的"人本主义哲学"概念出现比较晚,但是从人类生活和发展的轨迹来看,在刀耕火种的年代一代又一代披荆斩棘的先辈就已经在人本主义思想的影响下从适应自然的弱者一点一点成为改变自然的强者。我们现在认识中的人本主义概念大多是建立在具体的事情上的,如人本主义思想和教育的结合,两者在有机融合后诞生的就是我们提到的这种温情主义的高校教育管理模式,其中关于人本主义的思想依然带有一定的哲学色彩,需要教师将这种思想传达给学生,让学生明白主观能动性和自主学习的思想在学习中的重要作用,同时教师也要做到认真负责,尽到自己身为教师的责任,确保学生在发挥自己的聪明才智进行自主学习的时候没有偏离正确的方向。虽然很多学生在使用自主学习法的时候取得了良好的效果,但部分教师却因为无法正确理解以人为本的教育思想的真谛而导致对其的运用方面存在很多问题,如错误地认为所谓的以人为本的高校教育管理模式就是让学生"想怎么学就怎么学"甚至"想学就学",这无疑是将原本优秀的教学思路向一种不负责任的方向转变。还有些教师则以为以人为本是要将学生放在至高无上的位置上,因此在学习生活中将学生的地位过分捧高了,一切教学行为都是为学生服务的,教学行为逐渐开始包括学生的一切行为。虽然之前也说到过对某些惊才绝艳的学生来说，学校固有的规章制度会形成一定的束缚，为了不影响学生的创新性学习和自主性学习，可以在合适的范围内对规章制度中不利于学生的部分进行调整，但是这并不意味着规章制度是为学生量身定做的，学生怎么做规章制度就跟着怎么变，如果这样，那规章制度也就失去了其应有的意义，不但不能对学生的不恰当行为做出约束而且还为这些行为提供了合理性。人本主义和高校教育模式的结合应当是师生平等的，双方相互帮助并且在工作和学习中相互促进，但是一旦教师对人本主义的理解出现偏差从而在教育中过分偏向于温情主义，势必会导致教师对学生彻底放任自流或者将自己的定位过分放低，从原本能够和学生平等交流的引导者变成了对学生唯命是从的服务者，这种关系对学生的学习生活以及正常人生观的养成是非常不利的。因此，为了保证高校学生能够在正常的管理下学习知识，高校教师在执行管理工作的时候就要意识到其中的复杂性与多变性，即使教师对传统教育模式和哲学方面的人本主义观点都比较熟悉，但这并不代表其在新的教育模式下就能够无师自通，具体的工作做法还是需要摸索的，实际工作往往比最初设想的理论情况要复杂得多。"没有规矩，不成方圆"，这句话在我国古代的应用很广泛，在很多领域中都有其应用价值，其实放在如今也是一样的，高校学习管理中的各种规章制度就是规矩的一种，虽然人本主义教学活动中的学生更加侧重于对自我能力的开发和对知识的创新运用，但该有的规矩还是要有的，无论是学习还是生活都必须要在一定的范围内享受自由，完全没有边界的自由并不可取，就像没有限定范围的知识学习确实能让一个人获得限制下无法获取的知识，但是如果也没有一个获取知识的顺序或者体系，那么想要获得需要的知识所花费的时间可能会更长。因此，在实际的高校教育管理活动当中，教师要时刻谨记这一点，对学生进行合适的监督与管理，在与学生相互尊重的前提下，也要拿出职业特有的师范威严，对学生在学习生活中存在的问题予以纠正，避免其在理想主义和温情主义的作用下偏离正轨。

（三）管理方法的特征

高校教师过分推崇人本主义教学很可能会带来这样的恶果：教师和学生都理所当然地认为学生作为教学主体的地位非常高，脱离了刻板的权威服从模式教学之后教师的地位急剧下降，成为新的教育模式下的服务者，因此对学生的任何合理或不合理的要求都尽量满足。甚至某些高校竟然主动实施对学生的"无限责任制"，对学生在校期间的任何要求和与之关联的任何问题都大包大揽，不经过分析和认证就盲目认定为学校或者教师的责任，这些学校的教师往往喜欢将不同的概念混淆起来，如原本教师对学生持以师生之间的爱护之情是没有问题的，但是某些教师受到了所谓的人本主义思想的影响而偏向了温情主义教学方法，所以将对学生的顺从和无理由迁就当作了爱护之情，而学生由于种种原因也将原本应有的对教师的尊重情感变成了重度依赖，两者之间的关系出现了很大的问题，教师会在学生遇到问题的第一时间甚至遇到问题以前就迫不及待地替学生解决，长此以往双方也就都形成了习惯，学生在遇到困难后第一时间也不会思考怎么解决问题而是想着怎么联系教师。这种极度温情主义所带来的人本主义和原本来源于哲学思想的人本主义之间有了很大的偏差，从根本上背离了"人要重视自己的力量和智慧从而做到自我提升"的思路，而是走上了依赖他人的道路，某种程度上这和前面提到过的权威服从型教育管理并没有什么区别，都是通过外物或者外人来代替自己思考，同样都是假借身外之物而忽视了对自己潜能的挖掘，因此都称不上正确的教育管理模式。极度温情主义的高校教育管理模式下培养出来的大多数学生自主能力都很差，在校园中一旦遇到解决不了甚至是不好解决的事情第一时间就要寻求教师的帮助，而教师还从来都不拒绝也不会引导学生解决问题，只是不声不响地把事情办完并认为自己尽到了教师的责任，殊不知这种看起来是爱护学生的行为已经构成了溺爱，在校园里过度保护学生会导致学生在社会上受挫。归根结底，极度温情主义下的人本主义高校教育管理也是一种由管理者与被管理者对自身定位不清晰导致的错位现象，需要高校在教育管理模式革新中稳扎稳打，需要教师和学生都对自己的身份地位及应该做的事情有清晰的了解。这种极端温情的人本主义高校教育管理有两点最显著的特征：

特征一：温情主义模式下的人本主义高校教学管理工作的重要特征之一就是不重视高校规章制度以及高校教师本身应承担的管理职责，而将对学生的放任当作一种正确的教育方式。这种教育管理特征源于教师本身的理解能力有问题，对以人为本思想和温情主义教学的解读有严重的偏差。首先，学生是教学活动的主体，但主体形容的只是学生在其中占据的重要位置而不是说学生就是教学活动的主要参与者，教师本身的根本职能就是帮助学生从教学活动中学习知识，过分强调学生的主体地位和独立自主也是教师忽略了自身的职能导致的。其次，学生确实有权利也应该主导自己的人生和学习方法，但这绝对不是其放纵的理由，高校学生虽然已经初步步入社会并且即将成为成年人，然而由于其学习生涯的大部分时间都在校园当中，所以并没有太多的人生阅历和独立自主的能力，如果在进入高校之后一下子脱离了所有束缚，那么就像原本在支架的帮助下笔直成长的小树骤然失去支架，看似成长得更加自由自在，但是必然会出现歪斜扭曲的现象，很难像从前一样笔直。最后，温情主义教学模式也不是要求教师放弃对学生的管理，而是要求用更加温和平等的方式构建师生关系，如果教师连管理都放弃了，那么师生关系将会变得模糊而脆弱，对其进行合理的构建就更加无从谈起了。

通过上面的论述可以看出，如果教师在教育管理中忽略自身的重要价值而将学生的地位和作用无限放大就会导致教师没有履行职责而学生也没有得到应有的协助，两者互相之间看似都处于一种非常和谐的并不互相干涉的状态，但是就像道家提倡的小国寡民制度下的"老死不相往来"，在如今社会大环境下是绝对不适用的。高校教师对学生的关注绝对不仅是学生高校生活中可有可无的装点，而应该是高校生活的重要组成部分。在一些关于学生的高校生活的调查询问中，有的学生直言不讳每个月见到辅导员的时间非常少，双方之间几乎没有什么沟通，和其他教师除了在课堂上的正常问答之外也没有其他沟通渠道，这看似荒诞可笑却细思极恐，很多辅导员到学生毕业为止都没有把自己班级的学生名字记全，一些学生除非遇到问题必须找教师解决，否则也根本想不起来自己的导师姓甚名谁，至于平日里辅导员的去向和办公地点这些更是一问三不知。就像辅导员溺爱纵容学生一样，这种完全不加以管理的教育管理方法也是一种对学生心态和生活习惯的放纵，这种过度的放纵会使得学生丧失满足感，即使原本斗志昂扬觉得在高校会迎来人生新挑战的部分学生也会逐步丧失斗志，属于人的天性中不可磨灭部分的奋斗与追求的欲望不断被降低，最终学生就会表现为丧失斗志、不愿面对任何困难的状态，这对日后走向社会和面对竞争无疑是非常不利的。

特征二：温情主义模式下的人本主义高校教学管理工作的另一个显著特征就是每个学生都会表现出高度以自我为中心的状态，他们过分看重自己的作用而忽视团队能发挥的作用。这同样是在对人本主义进行理解的时候很容易出现的另一种误解，那就是将人本主义狭隘化成了功利性质的"我本主义"。这种理解在当今社会上尤其广泛，如今高校学生大多数都是"00后"，这些新一代的年轻人中大部分是独生子女，从小在家中感受到的就是以自我为中心，所以会自然而然地更加重视自己的想法，在行为中无意识地表现出自私的状态，对生活的物质要求会比较高，而且当自己身处一个团队中的时候，也很难将自己融入其中，反而觉得整个团队都无法与自己相比，这种高度以自我为中心且相对更加自私自利的群体在社会上被很多人称作"自私的一代"。人的思想是自由的，只要不做出危害他人利益的行为无论是在心中高度自我肯定还是轻视他人都是个人自由，别人也无权过问，但是如果高校学生管理中的管理者不能意识到这个问题就是管理的疏忽了。教育应当具有向学生传达正确的人生观与价值观的作用，虽然我们如今主张鼓励学生运用开拓性思维，但是在学生有了不正确的想法的时候还是应该予以纠正的，如并不能说以自我为中心的想法就是错误的，但是认为团队的作用不及个人这就明显不对了。学生表现出这样的思想倾向，教师应该及时通过劝导和采取实践证明等方法让学生认识到团队的重要性，而不是让学生继续坚持"我的想法都是对的""别人必须绝对尊重我的一切作为和思想"等"唯我独尊式"的理念，要让学生明白标新立异不是不允许，但要建立在基本观念和社会全面认可的准则不相互违背的情况下，否则最终受到伤害的一定是个体而非整体。在有些问题上，个人利益和集体利益看似只能取其一，选择其中一方另外一方就要受到损害的时候，个体的一方如果过度坚持"人本主义"，就会把自己想象得很孤绝，仿佛自己的背后就是万丈悬崖一步都不能后退，但实际上其坚守的只不过是其自认为属于自己的利益以及某种无谓的尊严罢了，这个时候退一步就是真正的海阔天空。近年高校宿舍中的很多矛盾就是这种原因引起的，每个人都认为自己最重要，自己所在的环境应该适应自己，如果做此想的只有一个人也就罢了，其他人要么选择忍让要么将其孤立，但是如果所有人都这样想势必会导致斗争频繁，这样的"同学情谊"恐怕到最后留给每个人的都不是什么美好回忆，而由这些人组成的新一代也无法形成一个有凝聚力的集体，即使聚在一起也是一盘散沙。

第二章 | 高校学生管理工作基础内容探究

第一节　高校学生组织概述

一、高校学生组织的意义

组织是按照一定的目的和系统联系起来的团体，或者说把具体任务或职能相互联系起来的整体。组织是按一定的目标所做的系统的安排，包括权力分配与责任划分、人事安排与配合，以便达到共同的目的①。

无论是正式组织还是非正式组织，尽管其结构形式不同，活动内容也不同，但它们仍有共同点，即职责（或权力）等级和任务的分工，都是一种开放性的适应性的系统。

所谓高校学生组织是指专业、年级、班级等不同系统为培养德、智、体、美、劳全面发展的建设者和接班人服务的共同目的而组织起来的领导团体，如学生党支部、团总支、学生会、班委会等。与其他组织相比，学生组织有其共同点，但更具有自身的特色。

第一，权力范围小。学生组织同样要进行职责划分和任务分工，但其权力范围要比一般组织小得多，不与社会生产及其他经济活动发生直接的联系。学生干部虽然参与政治和行政管理活动，但没有直接制定政策的法定任务和权力，主要是执行。

第二，成员变动大。学生组织成员变动较为频繁，任职时间最长的只有3～4年，一般情况下，任职时间为1～2年。这是由高校学制期限所规定的。

第三，系统性强。除了校级学生组织跨系统外，其他学生组织均以系、专业、年级和班级为单位建立，一般与高校党政组织设置系统相适应。

第四，服务性强。学生组织的主要任务就是贯彻、落实和执行高校党政领导部门所下达的各项具体任务，直接为学生的政治思想活动、业务学习活动、文娱体育活动等服务。此外，其服务性强还表现在学生所做的工作只是奉献和

---

① 李正军：《高校学生管理工作概论》，河北大学出版社，2002年。

义务，没有任何报酬。

第五，民主性强。通常情况下，学生组织大多由民主选举直接产生，只有个别采用聘任制。

二、高校学生组织的设置

高校学生组织的设置必须遵循两条原则：

第一，精干的原则。精干是高校学生组织设置所必须遵循的。不然，很容易产生人浮于事的现象，从而造成人力、物力和财力的浪费，工作效率不高。但是把精干原则理解为越少越好，以至不能完成工作，同样不符合精干原则的要求。因此，必须正确理解精干的原则所包含的两方面的含义，即质量和效果。所设置的学生组织，既要在数量上满足工作的需求，又要在质量上满足工作的需要。这里所谈的数量和质量又分别有两个含义：数量是指工作任务量和干部成员的多寡，质量是指干部成员的素质和完成工作任务的质量，二者必须有机结合。

第二，统一的原则。组织结构完整严谨，职责划分合理，内部分工明确，协调配合得当，是统一原则的主要内容。具体要求是：一是把同一类工作任务归口于某一学生组织或部门管理；二是专人专职负责，职责相称；三是指挥灵活，信息沟通渠道通畅；四是各部门之间经常性地交流信息、互相配合。

总之，要做到高校学生组织设置科学、结构合理、上下沟通、信息灵敏，才能极大地提高工作效率，达到预期的目标。

具体来说，高校学生组织设置具体如下：

（1）学生党支部。高校一般是以专业来划分系（部）的，再根据招生规定划分不同的年级，年级下设学生班。高校建立学生党支部要与学生行政组织相对应，把党支部建立在系、年级、班上。这样与行政建制相对应建立起来的学生党支部，使党支部的成员与本班、本年级的同学朝夕相处，熟悉情况，有利于党支部在学校各项中心工作中发挥政治核心作用；有利于党支部起到密切联系广大同学的桥梁和纽带作用，经常了解同学的思想状况，反映同学的意见和要求，有效地做好同学思想政治工作，进一步密切党群关系；有利于具体指导和帮助团支部、班委会开展工作，提高工作效率。

（2）团总支。一般来说，团总支以系（部）或年级为单位设置，团支部以学生班为单位设置。校团委的主要领导职务由专职干部担任，其委员大多由学生担任。团总支书记由青年专干担任，副书记和其他委员由学生担任。团支部书记和委员以及团小组长均由学生担任。各级团组织成员的多寡可根据高校实际情况来配备。团总支在接受校团委领导的同时，还要接受系党总支的领导。

（3）学生会。校学生会除了接受校学生工作处（部）的指导外，还要接受校团委的指导和帮助。学生分会以系（部）为单位设置，所有学生分会及下属组织的成员均由学生组成。学生分会和班委会分别要接受团总支和团支部的指导和帮助。

三、高校学生组织的作用

高校学生干部不是自发产生的，而是根据共同目标，按照一定的原则，在学校党委和各级党组织考察和培养的基础上，由广大同学或代表推选出来的。他们是贯彻执行党的教育方针和学校党委的决议和意见的骨干分子。他们的工作是高校党的思想政治教育工作的重要组成部分。

（1）高校学生党支部作为在学生中最基层的党组织，在贯彻执行党的路线、方针和政策的过程中，在发挥党支部的战斗堡垒作用和党员的先锋模范作用方面，在密切联系同学、经常了解同学方面，对学校党组织工作提出批评意见、尊重同学的合理化建议、关心同学、爱护同学、帮助他们提高思想觉悟、努力学习方面，在教育和支持其他学生组织积极开展工作、努力为同学服务方面，在维护校规校纪方面等，均起着十分重要的作用。

（2）高校共青团组织，是中国共产党直接领导下的先进青年的群团组织，是广大青年在实践中学习共产主义的学校，是中国共产党在高校中的得力助手和后备军，它的一切工作都是围绕党的中心工作开展的。在贯彻执行党的教育方针，把高校建设成为社会主义精神文明坚强阵地的工作中，在造就社会主义事业接班人的伟大工程中，在为中国共产党培养和输送合格后备军的伟大实践中，有着其他组织不可替代的地位和作用。

（3）高校学生会是中国共产党领导下的中华全国学生联合会在高校的基层组织，是党联系广大同学的桥梁和纽带。它在团结教育广大同学为振兴中华刻苦学习、全面发展，维护校园安定团结、建设校园民主、丰富广大同学文化生活，维护广大同学的合法权益，用党和人民的要求规范同学的行为，培养广大同学的严格的组织纪律性等方面，同样有着不可替代的地位和作用。它是高校思想政治教育工作的重要组成部分。

高校学生干部生活于广大同学之中，与广大同学有着密切和最广泛的联系，最了解、最清楚也最易于掌握同学的思想状况。因此，对于广大同学来讲，学生干部最有发言权。但了解同学不等于就能当好学校党的工作的得力助手。学生干部要充分发挥学校领导联系广大同学的桥梁和纽带作用，当好助手，必须做到：主动关心同学的学习、工作和生活，注意倾听他们的呼声，并及时向学校各级组织反映。对于广大同学正当的需求，要尽最大的努力去满足；对于不正当的或暂时不能满足的需要，要耐心细致地加以解释，做好思想政治教育工作。

第二节　高校学生干部管理

一、高校学生干部与高校学生干部工作

帮助学生干部认识自己所扮演的角色及其特点，有助于其发挥带头作用、骨干作用和桥梁作用，把同学紧密地团结在一起，勤奋学习，刻苦钻研，锐意进取，成为社会主义建设事业的合格人才。

(一) 高校学生干部

1. 学生干部的含义

高校学生干部虽然与一般领导干部有着较大的区别，但仍然具有一般领导干部的本质属性。因此，高校学生干部就是充分调动学生的积极性和创造性去努力实现培养德、智、体、美、劳全面发展的建设者和接班人这一宏伟目标的集体成员或个人。

2. 学生干部的特点

一是队伍庞大。依据高校学生组织的设置要求，所配备的学生干部人数众多，一般要占学生总人数的1/3以上。这一特点是由高校学生活动内容广泛而丰富的内在联系所决定的。

二是人才齐备。高校学生干部是经过高考筛选后再筛选来自全国各地的学子，有德才兼备的，有能歌善舞的，有酷爱美术的……这为高校学生干部顺利地开展工作，带来了一个十分优越的条件。

三是热情高涨。高校学生干部都是20岁左右的热血青年，体力、精力充沛，思想上对未来充满美好的憧憬，敢想、敢说、敢为。

四是贴近学生生活。由于客观环境的作用，使得高校学生干部始终与学生同吃、同住、同学习，朝夕相处，形影不离。学生干部最了解其他学生，其他学生也最了解学生干部。学生干部的举动，其他学生都看得清清楚楚，这给学生干部工作带来了许多方便，可以使学生干部及时地了解其他同学的要求、思想动态等，以便制定出有效的工作计划，采取有力的工作措施，可以使学生干部的工作直接地接受其他学生的监督和检查，及时修正工作中存在的不足或失误，以便把工作做得更好。

(二) 高校学生干部工作

1. 高校学生干部工作的含义

高校学生干部和高校学生干部工作是两个既有联系又有区别的概念，不能

混为一谈。所谓高校学生干部工作是指高校学生干部运用一定的工作技巧和方法，按照一定的职责权利范围，充分调动本校、系、班、小组同学的积极性和创造性去努力实现培养德、智、体、美、劳全面发展的、社会主义事业建设者和接班人这一宏伟目标的过程。这个过程包括确立目标、预测决策、制定计划、指挥执行、组织协调、指导激励、沟通信息、监测反馈、过程调控、工作评估等。

2. 高校学生干部工作的特点

一是执行性。高校学生干部和其他学生一样都是学生，处于受教育阶段，还没有承担高校管理决策的社会责任，同时尚缺乏应有的高校管理决策能力。因此，高校学生干部虽然要积极参与学校的管理活动，但不能做最后的决策。所以，高校学生干部工作的重要任务是贯彻执行和落实学校党政领导下达的各项工作任务。当然，在保证执行、贯彻和落实学校党政领导下达的各项工作任务时，要积极思考，富有创造性，采取各种行之有效的方式和方法去完成。

二是广泛性。高校的一切工作都是围绕学生展开的。同时，又要通过学生干部工作这一环节落到实处。因此，高校学生干部工作必然要涉及高校工作各个方面，从而使其内容丰富而广泛。从总体上来讲，高校学生干部工作包括思想政治教育工作和日常事务管理两大方面。具体来说，在思想政治教育工作中，要组织经常性的大量党团政治活动，如政治学习、讨论，发展党员和团员，举行各种寓教育于活动的竞赛以及做好大量的经常性的有针对性的思想教育工作等。在日常事务管理中，要抓校风校纪的建设、业务学习、文体活动、生活卫生等。

三是具体性。高校学生干部工作十分具体。例如，落实学校领导下达的开展"学雷锋户外活动"的具体任务时，学生干部要做出详细的计划和安排，把"学雷锋户外活动"的具体任务分派到人，并且自始至终地参与活动的全过程。

四是复杂性。高校学生干部所做的一切工作就是要求所有同学按照学校的要求和规范去做，而人的行为是受思想支配的，这就是说，要使所有同学能按照学校的要求和规范去做，必须做好所有同学的思想工作。人的思想活动具有极大的隐秘性，而要打开学生的心灵之窗并非易事。此外，年轻的高校学生（当然包括学生干部）世界观还不成熟，还缺乏观察分析周围事物的正确方法，因而纷繁复杂的社会现象反映到学生脑子里，就会产生各种正确的和不正确的思想观念。要帮助所有同学去掉头脑中那些不正确的思想观念，就必须找到产生不正确思想观念的根源。然而，往往由于人的思想活动的隐秘性特点，很难做到这一点，因而使得高校学生干部工作呈现出复杂性。

五是周期性。由于高校学制的制定和学期的划分，相应的高校学生干部工作具有明显的周期性，且周期短，一般为一个学期或一个学年度。但是，研究学生干部工作的周期性时必须注意，这种周期性的活动不是简单的圆周运动。因此，每一个工作周期到来时，在认真总结经验的基础上，要不断地分析新情况、研究新问题，采取新的方式和方法做好新的工作。

（三）高校学生干部工作是教学与管理工作的重要组成部分

1. 高校教学工作中不可缺少的部分

教学质量与人才质量紧密地联系在一起，提高教学质量是高校的主要工作之一。加强教学管理是提高教学质量的有力保证，而高校学生干部工作是具体实施教学管理措施的有力保证。

第一，维护教学秩序。教学活动十分具体且频繁，光依靠学生干事和辅导员以及仟课教师远远不够，大量的具体细致的管理工作则依赖于学生干部。如果离开学生干部的努力工作，就很难保证教学活动的有序性和教学质量的提高。

第二，沟通教学联系。在教与学的过程中，一方面，学生们会时常碰到这样或那样的疑难问题需要解决；另一方面，教师为了提高教学水平，也需要了解学生对教学工作的意见和要求。因此，客观上要求及时畅通教与学之间的联系渠道。其中，学生干部扮演着及时沟通教与学的重要角色，从而使教与学双方得到有效沟通，及时解决学生学习上的疑难问题，提高教师的教学水平，保证良好的教学质量。

第三，促进良好学风的形成。学生干部组织广大学生开展一系列学术研究活动，培养广大学生的学术研究兴趣和能力。同时，组织所有学生开展一些有益教学工作的活动，如百科知识竞赛、学习经验交流、师生恳谈等。这些活动的开展，对形成良好的学风，是不可缺少的。

总之，高校学生干部工作在教学工作中，对于维护教学秩序、沟通教学联系、形成良好学风、提高教学质量有着不可替代的作用，是高校教学工作中不可缺少的重要组成部分。

2. 高校管理工作中不可缺少的部分

（1）弥补学校行政工作中人手短缺的问题。学校的优良风气与良好的学校秩序都需要严格的制度约束，两者相互促进。学校的风气和治安都是由广大的学生所决定的。要处理好由不同民族、风俗习惯、性别构成的高校学生，培养其习惯，并有意识地维持校园的治安，仅依靠学校的专业行政人员和教师是远远不够的，也是不现实的。所以，许多的行政工作都要由学生干部来做。在学生干部中，尤其是在学生自身的管理中，更是如此。

（2）弥补了高校在微观管理层面上的缺陷。就学校而言，要将有关学生学习、生活等的规定整理成一套完备、详细的条例，实属不易。总体而言，学校对学生的管理仅限于大范围内的综合规范，而在微观层面则需要对其进行强有力的补充，补充内容包括以下两点：

第一，要创造性地贯彻实施校规。就是要结合具体的条件，如不同的专业，不同的班级，不同的性格，不同的个人习惯、特长、兴趣爱好等，在确保遵守校规的基础上，制定出适合的具体细则，落实好校规。

第二，是对宏观调控的适时调整。宏观调控的基础是实际操作。与学校主管相比，学生干部对学生的真实状况有更清晰的认识，并且学校的宏观调控最终还是为了学生。所以，学生干部对学生的状况进行的实时反馈，可以有效地补充学校对宏观调控的信息缺失。

二、加强高校学生干部管理的途径探索

高校学生干部提高自身的素质既是履行好自身职责、完成学校交给的各项任务的首要条件，也是把自己培养成为社会主义事业接班人的内在要求。接受学校有系统、有计划、有目的的组织教育与考核是学生干部提高基本素质的一条重要途径。怎样对学生干部进行有效的组织教育和全面的考核，加强学生干部的管理，也是摆在高校思想政治工作者面前的一个重要课题。

(一)加强组织教育

高校学生干部同时兼任了"学生"和"干部"两个角色，他们的发展和提高也需要依赖由学校提供的教育和协助。对高校学生干部进行系统的、有计划、有目的的组织培训是非常必要的。要从政治思想、基础技能、理论和实践等方面，加强对高校学生干部的组织培训以及基本能力建设，并将其纳入工作规划中，全面、系统地培训他们的各项技能。

1. 马列主义理论教育

高校学生干部是党在高校做好学生思想政治工作的得力助手，因此学生干部自身首先需要有扎实的马列主义理论基础。学校方面可以采取举办学生干部理论学习班等方式对他们进行行之有效的培训和辅导。对于学生干部中要求入党的积极分子要及时组织相关学习，使之接受更为系统、深入的马列主义理论教育。

在学习马列主义理论的过程中，学生干部应该紧密联系高校学生的思想实际，避免为理论而学理论的现象。学生干部要从实际运用的目的出发，有针对性地、创造性地学习马列主义、毛泽东思想、邓小平理论及习近平新时代中国特色社会主义思想。能够运用这些理论去正确地分析处理工作中遇到的实际问题，善于用实践的观点、理论联系实际的观点、矛盾的观点、一分为二的观点

等来指导自己的工作，以提升解决实际问题的能力。

2. 世界观、人生观和价值观教育

高校学生干部要完成好自己的使命，除具有坚定的政治立场、较好的马列主义理论素养外，还要树立正确的世界观、人生观和价值观。这些思想观念的形成要靠学生干部自己在平时的学习、生活、工作中去自觉训练和加强，积极参加学校组织的有目的、有系统的教育和引导，牢固地树立起正确的世界观、人生观和价值观，从而对人生、对社会乃至整个世界各种现象持有正确的观点和态度。在这方面的教育与引导中，既可以采取举办讲座、报告会等方式集中统一地进行理论疏导，也可采取观看电影、电视，阅读文学作品，参观访问等方式进行情感熏陶。思想观念的教育只有与情感熏陶并进，才能收到较好的效果。

思想观念的教育与引导要有针对性。通过人生观及价值观的教育，学生干部要对自身工作的意义有进一步的正确认识，增强工作责任感，正确处理奉献与利益的关系，克服当干部怕苦怕累的思想。树立正确的人生观与价值观，学生干部就会从艰苦、复杂的工作中品尝到无穷的乐趣，就可以从为广大学生服务中品尝到助人为乐、无私奉献的甜蜜。

思想观念的教育与引导最后的落脚点是学生干部要树立远大的共产主义理想、坚定共产主义信念和高尚的共产主义情操。高校学生干部肩负着十分特别的历史重任，在大学学习期间是党在高校各项工作的得力助手，毕业后将成为社会主义事业各条战线上的政治骨干与业务骨干，是党的干部队伍建设中的一支不可忽视的后备力量。因此，学生干部必须认识到树立远大的共产主义理想、坚定共产主义信念、培养高尚的共产主义情操，是中国特色社会主义伟大事业对青年一代提出的必然要求。同时，这也是高校教育和培训学生干部所要达到的一个重要目的。学生干部与其他青年人一样，在成长发展过程中，易受外界因素的干扰，其理想、信念和情操也将会发生波动和反复。因此，一方面，学生干部要充分认识这一特点，自觉克服自身的弱点；另一方面，学校也要注意帮助学生干部及时排除外界的干扰，特别是注意引导他们正确认识风云变幻的国际形势。

3. 常识教育与技巧训练

学生干部工作的效果与其所掌握的工作常识及工作技巧与方法是密切联系在一起的。学生干部接受学校系统、全面的工作常识教育和基本的工作技巧与方法的训练是十分必要的。

第一，掌握党支部工作的基本知识与方法。学生党支部的干部要熟悉《中国共产党章程》，对党的基本知识要有全面的了解，要懂得党务工作的一些基本知识，因此要积极参加学校党组织举办的专门培训。此外，还要注意学会做细致深入的思想政治工作，善于了解他人，关心他人，及时发现问题，及时解决。只有这样，才能充分发挥每一个学生党员干部的作用，把学生紧紧团结在党的周围。例如，发展高校学生入党是一项艰巨而又重要的工作，它要求学生党支部的干部认真做好入党积极分子的培养与考察工作，这也就是要求学生党支部的干部要熟练地掌握党员发展工作的基本知识。因为如果不懂得发展党员的基本知识，就不可能积极稳妥地做好党的组织发展工作，特别是不具备做深入细致的思想政治工作的能力，就不可能准确把握要求入党的积极分子的入党动机，组织发展工作便不可能有效地开展。所以说，学生党支部的干部要在学校党组织的专门培训下，熟练地掌握好党支部工作的基本知识和工作方法与技巧，充分发挥学生党支部的战斗堡垒作用。

第二，掌握共青团工作的基本知识与方法。共青团系统的学生干部要熟悉《中国共产主义青年团章程》及团的基本知识，要善于把握青年工作的特点，善于团结号召青年。学校团组织要积极创办业余团校和团干部培训班、举行团干部经验交流活动等，为全面提高学生团干部的基本素质广辟途径，尤其是要注意为学生团干部提供团内实践活动的良好环境。学生团干部要在学校团组织的培训下，努力学会做青年大学生的知心朋友，善于把握青年人的思想脉搏，善于做深入细致的帮教工作，及时向党组织反映青年人的思想、意见和要求，使自己真正成为党在高校各项工作中的得力助手。

第三，掌握管理工作的基本知识与方法。学生会、班委会及其他社团学生干部的培训应该紧密结合各自的工作职责、工作对象的特点来进行，重点是提高管理水平，增强组织、指挥与协调能力，以便学生干部在学校管理、校园文化、体育活动等方面充分发挥各自的作用。

（二）加强组织考核

组织考核是提高学生干部基本素质的又一有效途径。它可以帮助学生干部及时发现自身的不足，正确对待所取得的成绩，从而扬长避短，全面发展。考核学生干部素质的途径有很多，一般可分为学校组织考评、学生干部自评、学生考评三种，但应以学校考评为主。考评学生干部基本素质的内容有很多，但应以考评思想品德和心理能力素质为主。

1. 思想政治素质的考核

考核学生干部思想政治素质的方法有很多，但其中最有效的途径是对学生干部的实际工作进行认真的观察和分析，透过现象把握其政治立场、观点、态度、世界观、人生观和价值观等。对于具有较好的马列主义理论水平，并善于在工作中用马列主义的立场、观点与方法去分析和处理问题的学生干部，要肯定他们的工作成绩，并帮助他们进一步提高。对于马列主义理论基础还较差，在实际工作中一时还不能很好地用马列主义的立场、观点与方法去分析问题的学生干部，要指出他们工作中的不足，并及时进行帮助。

对于那些在政治立场、观点、态度等方面与党的要求相背离的个别或极少数学生干部，要坚决地把他们从学生干部的岗位上撤换下来，并对他们的错误言行进行严肃的批评和教育。对于学生干部中存在的其他方面的不良现象及不正确的思想言论要认真地分析和教育，帮助他们澄清思想、端正认识。实事求是地考核学生干部的基本思想政治素质既有利于学校增强对学生干部培训工作的针对性，以及准确地选拔和使用学生干部，又有利于帮助学生干部正确地认识自己、了解自己，从中受到教育，进而提高自身的思想政治素质。

2. 品德素质的考核

学生干部要履行好职责，除了要有坚定正确的政治立场外，还要有优良的品德素质。高校党的组织、领导及教师应该对学生干部的品德素质进行经常性的考核，及时发现他们的不足，并帮助他们克服，使之成为名副其实的骨干。

考核学生干部的品德素质要从工作作风、生活作风以及是否敢于开展批评与自我批评等方面入手，要注重在实践中考核。衡量学生干部是否有良好品德素质的标准归结起来主要有三条：一是态度，即在工作中是否肯干、积极、认真和负责；二是服务，即是否乐于把自己的长处与能力最大限度地用于工作，是否乐于奉献，乐于为全体学生服务；三是律己，即在学习、工作和生活中是否严于律己，以身作则，勇于抵制不良倾向。

对学生干部的品德素质作出实事求是的考评后，要将考评的结果通过适当的方式与途径反馈给学生干部，使他们知道自己的不足及存在的差距，帮助他们在工作实践中不断地提高品德素质。

3. 心理素质的考核

针对学生干部的心理素质状况，开展及时、有效的考核是十分重要的。学生干部在工作中经常会遇到许多矛盾，需要处理好各种复杂的关系，如学习与工作的关系等。如果没有丰富的情感和顽强的意志，就很难做到大胆开拓、勇于克服各种困难。如果没有较强的指挥、协调能力，就不可能很好地把学生组织起来，也不可能得心应手地处理好各种具体的工作关系和矛盾。一个学生干部是否有顽强的意志、丰富的情感，是否有宽厚的胸怀，是否有熟练的指挥协调能力，都可以从他的具体工作中反映出来。

因此，学校领导和教师要注重从工作实践中考核评估学生干部的心理素质，对学生干部的心理素质作出客观的评价，有的放矢地帮助他们在实践中锻造自己，逐步提升心理素质。

第三节　高校学生制度分析

一、高校学生教育和管理制度的意义阐释

我国高校的规章制度是党的优良传统和社会主义道德观念、行为观念、行为规范（即国家法规）、是非标准等在高校学生日常工作、学习和生活等方面的具体体现。它是全体学生必须遵守的行为准则；是培养自觉的纪律性，培养共产主义道德品质和形成良好校风的重要手段；是实行科学管理，办好社会主义大学的重要保证。所以建立高校学生思想政治教育和管理制度，对办好社会主义大学具有以下几点意义：

（1）有助于充分发挥学生的积极性。大学肩负着培养社会主义事业的建设者和接班人的历史重任。为了完成这一光荣使命，高校就必须建立起符合大学教育工作客观规律、符合现代管理原理、充分体现党的优良传统和社会主义道德观念及行为规范的系统的高校学生思想政治教育和管理制度。这样，就能把全校学生的积极性激发出来，形成一种远比个人力量总和大很多的集体力量，办好社会主义大学。

（2）有助于建立正常的学习、工作和生活秩序。现在的大学，少则上千人，多则上万人，而且是一个多层次、多学科、多系统、多结构的复杂的综合体。高校学生工作专职人员要把每个成员的智慧和力量优化组合起来，就必须在加强思想政治工作的基础上，建立起一整套的规章制度，使学生有规可循，有矩可蹈，做到学习、工作和生活井然有序。

（3）有助于培养学生高尚的道德品质，形成良好的学风。社会主义的精神文明，是社会主义的重要特征。思想建设决定着精神文明的性质，因此，培养学生具有马克思主义的世界观，共产主义的理想、信念和道德，有为人民服务的献身精神和以共产主义劳动态度建设科学的、与时俱进的高校学生管理制度，对培养学生高尚的道德品质和良好的学习、工作及生活习惯，无疑是意义重大的。

二、高校学生教育和管理制度的基本要求

建立高校学生思想政治教育和管理制度必须符合以下要求。

（1）政策性。高校学生管理制度必须同党的路线、方针、政策和国家法律法规，尤其是党和国家的教育方针保持高度一致，不能有丝毫背离。

（2）教育性。高校学生管理制度必须对学生起到教育作用，即能培养学生社会主义道德观念、行为规范、思想品质和严谨、务实、开拓进取的工作作

风。这样，学生既有章可循，又有进取的目标，充分发挥规章制度本身的教育和激励作用。

（3）可操作性。高校学生管理制度尽可能做到量化，制定出符合教育、管理实际的科学指标，并用分值表现出来。这样，不仅能使全体学生在实施的过程中做到心中有数，自觉约束自己，在检查处理时也能避免主观随意性。

（4）整体性。高校学生工作专职人员必须树立全局观点，正确处理局部与全局的关系，正确处理学生的学习和课外活动的关系，以及团组织与学生会工作之间的关系等。在处理各种关系时，必须使整个系统处于协调状态，才能发挥整体的最佳功能，达到教育管理的最佳效果。

（5）严肃性。高校学生管理制度必须做到令行禁止，奖罚分明，对任何人都无例外，从而使学生的行为得到规范。在建立高校学生思想政治教育和管理制度时，凡应规范的都要规范；凡规范了的，各级学生组织和个人必须严格执行，不能朝令夕改，随心所欲。在执行过程中，要严格按制度办，不能时宽时严，时紧时松，坚决维护其严肃性。

（6）民主性。高校学生管理制度必须符合广大学生的根本利益，并获得广大学生的积极拥护和支持。学生既是管理的对象，又是管理的主体，在制定规章制度时，必须从群众中来，到群众中去，广泛听取意见，做到集思广益，紧紧依靠广大学生把教育和管理工作做好。

（7）科学性。高校学生管理制度必须符合高等教育的客观规律。任何领域都有其自身的规律，高校学生思想政治教育和管理也不例外，如管理必须找到与学生的年龄相适应的规律，思想政治教育中需要寻找贯穿知、情、意、行活动过程的规律等。同时，还要善于借鉴现代科学管理理论，不断总结高校思想政治教育和管理经验，把行之有效的传统管理经验与现代管理理论有机地结合起来。

上述基本要求，既有各自的独立性，又相互紧密地联系在一起。只有严格遵照这些基本要求而制定的规章制度，才是经得起实践检验而又有强大约束力和教育意义的制度。

第四节　高校学生体制管理

一、高校学生行政体制管理

建立一套完整的高校学生行政管理工作体制是做好高校学生管理工作的重要保证。高校的整个行政管理体制是一个大的系统工程，而学生行政管理体制，只是整个系统工程中的一部分，或一个子系统。为了使整个学生行政管理工作能够跟上形势的发展，适应实际工作的需要，有必要对学生行政管理工作体制作进一步的分析，以加强体制的建设，逐步提高学生行政管理工作的水平。

（一）行政体制管理的历史与现状

1. 高校学生行政体制管理的内涵

为了正确认识学生行政管理工作体制的历史与现状，首先有必要正确地了解学生行政管理工作体制的内涵是什么。简而言之，体制包含机构设置与权限划分两方面的内容。学生行政管理体制，主要体现在学生行政管理工作的机构设置与权限划分两个方面。

在高校，学生行政管理工作是学生工作的一个重要组成部分，而学生行政管理工作又可分为：学生的教学管理、学籍管理、生活后勤管理、治安管理、课外生活和校园秩序管理等。因此，所谓的体制，不仅体现这些工作职能的权限划分，还应考虑为完成这些职能而建立的机构。所以，围绕着对学生从入学到毕业的在校阶段的管理，围绕着对高校学生学习、生活、行为规范而设置的机构与职能权限的科学划分，就是学生行政管理工作体制内涵的反映。

2. 高校学生行政体制管理的历史回顾

新中国成立初期，高校基本上实行"一长制"，高校的管理制度，包括学生行政管理制度，原则上与当时企业的"三级一长"管理制度相同。学校是由校级、系级、年级（班级）三级组成，一长由校长、系主任、年级主任（班主任）在各级发挥管理职能。后虽几经反复，但在组织机构的设置上，基本上无重大变化，组织机构的基本形式是采取"直线职能参谋组织形式"。

当时，校级行政管理机构中，无独立的学生行政管理部门，每个行政处均兼有管理教职工和学生的行政职能。例如，学生的教学管理，由教务处负责；学生的生活管理，由后勤系统的总务处负责；负责学校招生、毕业生就业的，各校又不尽相同，有的学校招生由招生办公室负责，有的由教务处承担，而学生毕业就业，有的学校由教务处负责，有的学校由人事处承担；学生的学籍管理内容，包括奖励与处分，由教务处的学生科负责。

系级的学生行政管理机构，主要由系办公室负责履行行政管理职能。年级（班级）没有专门的行政管理机构，主要由政治辅导员充当学校中最基层的行政管理机构的代表。他们集教育、管理于一身，构成了学校最基层的学生行政管理机构。当然也有的学校在班级里配备了教务员，负责学生的教学行政管理工作。当时高校虽无专门独立的学生行政管理体制，但已具有的各级机构兼管学生行政管理工作，赋予相关权限，承担各种职能，形成了适合当时需要的学生行政管理体制。

3. 高校学生行政体制管理的现行模式

随着教育事业的发展，学生行政管理工作的体制不断完善。"文化大革命"结束后，高考招生制度的恢复、高等教育事业的不断发展使高校的规模得到了扩大，高校的领导体制，包括学生行政管理工作体制也发生了变化。从高校学生行政体制管理的变化看，可归纳为以下四种模式：

（1）行政体制管理机构呈散在模式。学生行政管理工作由学校各部、处及有关机构各司其职，实施行政管理的职能。这一模式，在校级、系级、年级（班级）三级组织机构设置方面，沿袭历史上的"直线职能参谋组织形式"，一般来说，未增设新的行政管理机构。但在职能和权限划分方面，分权化的组织管理制度强化，促使整个行政管理工作有规律、有节奏地顺利运转。

（2）行政体制管理工作机构呈专兼模式。学校建立了学生处，成为学生行政管理工作的主体之一，而其他各有关部处，兼有学生行政管理职能，整个学生行政管理工作呈现专兼结合、齐抓共管的局面。这一模式，在校级建立了专门的、独立的学生行政管理机构——学生处。系级学生行政机构设置，各校情况不一，有的学校在系级设立了学生办公室，专门负责学生行政管理工作，有的学校系部行政机构设置维持原状。在年级（班级）基层组织一级仍由辅导员（或班主任）负责管理，少数学校在年级设立了学生办公室。

目前，全国有许多高校采用这一模式，在校级设立了学生处。但在学生处的职能和权限划分方面却不尽相同，大体上有以下三种情况：第一，学生处不仅负责学籍管理的全部行政工作，还作为职能部门负责奖励与处分，配合有关部门负责课外活动、校园秩序的行政管理，并承担每年的招生工作与毕业生就业工作。第二，学生处负责学籍管理中的大部分内容，还负责每年的毕业生就业工作，而招生工作则由招生办公室承担。有关学生的教学管理，如成绩考核与记载工作、升级与留降级工作等由教务处负责。其他的权限划分同第一种。第三，学生处除承担与第二种情况相似的职能外，还负责部分的生活后勤工作，如宿舍管理等。

（3）行政体制管理机构呈复合模式。学校在校级建立了学生部和学生处，部、处合一，实行"一套班子、两种性质"的工作模式，成为学生行政管理和思想政治教育的主体。这一模式，有的大学在系级设立了学生办公室，主管学生行政管理工作和思想政治教育工作，有的大学视情况设立了学生年级办公室，负责本年级学生行政管理和思想政治教育工作。

（4）行政体制管理机构呈各部处模式。学校建立了学生工作指导委员会或学生工作领导小组，委员会下设实体性的机构——学生工作办公室，办公室兼有协调、指挥各部处执行学生行政管理的职能和思想教育的职能。各部、处在学生工作办公室的指导下，照常履行原来承担的有关行政管理工作的职能与权限。系与年级组织机构无重大变化。

上述模式中，有两个共同的特点：一是管理机构的组织形式均采取"直线职能参谋组织形式"，二是分权管理形式增强。

（二）行政体制管理的模式特点

目前，高校学生行政管理体制，各种模式机构设置不尽一致，权限划分各有差异，每种模式也各有特点，具体如下：

1. 学生行政体制管理的散在模式

这一类型的高校，多数是在校学生数不太多，校领导有较多精力关心学生工作，各级学生行政管理机构干部配备较强，所以，它沿袭历史上我国高校学生行政管理工作体制。

（1）采取"直线职能参谋组织形式"。这一模式中，校长是唯一的行政负责人，有全面的领导和指挥权，对一切工作都负有全面的责任。各职能部门按照校长的要求，在业务上负有指导下属部门的权力和责任。各级组织在行政上相对独立，可充分发挥主动性。这样既保持了统一领导，又充分发挥了各职能部门的积极性和主动性。

（2）分权管理制度加强。在新形势下，为了适应学校管理的要求，学校将有关行政管理权限下放，如学生行政处分权，记过以下的处分由系级部执行；如学生的奖学金金额，部分的单项活动或班、系活动奖励及补助系级部有权决定，这也有利于调动各级组织的积极性，促进行政管理工作的高效运转。

（3）兼容一体，易于协调。这一模式无新机构设立，许多相关的相互交叉、相互渗透的工作，依然处于一个处室，如学生生活管理处归于总务处，学生学籍管理的许多工作归于教务处，便于配合，易于协调。

2. 学生行政体制管理的专兼模式

这是从散在模式发展而来的，因此，它们之间特别是在权限划分上有许多相似之处。由于在校级建立了学生处，在较大的系级建立了学生办公室，所以学校中出现了学生行政管理体系，同时，也明显地呈现出以下几个特点。

（1）学生工作统筹安排，全面协调能力增强。专管学生工作的主干处——学生处对学生行政管理工作及有关学生工作情况负有全面关心、通盘考虑、及时汇总、向上报告及建议的责任，并能在校长领导下，对各行政部门工作中出现的矛盾、问题及时参与协调。

（2）有利于队伍素质提高，稳定性增强。由于专管学生行政管理工作体系的出现，使学生行政管理工作机构、人员稳定性增强，方针、政策、规定的连续性加强，工作方法的创新、理论研究的开展、工作经验的积累、管理人员的业务素质趋于上升势态。

（3）学生行政管理工作的应变能力增强。在新的形势下，学生行政管理工作不仅要有正确性、规范性，还应讲究时效性。建立了专司学生行政管理的工作体系，就能有一批长期专门从事学生管理的工作人员，能较系统地掌握党的方针政策，全面了解学生情况，遇事能及时向领导提供各种情况和选择方案，便于领导准确决断。

3. 学生行政体制管理的复合模式

该模式由专兼模式进一步发展而来。由于学生处和学生工作部实现了两块牌子一套班子，因此其有一个明显的特点，即在组织机构上实现了学生思想政治教育和学生行政管理的结合，改变了长期以来行政管理和思想教育相分离的状况，使对学生的言和行、想与做的教育统一在一个部门，使学生的学籍管理、课外活动、校园秩序、奖励和处分等管理的执行，基本上是由学生处与学生工作部作为一个职能部门来承担。

4. 学生行政体制管理的各部处模式

该模式既同散在模式相似，又同复合模式相近，它唯一的特点是兼指挥和执行于一身。由于该模式中有居于部、处之上的职能部门——学生办公室，所以既可以指挥行政部、处，又能协调各种关系与矛盾；既能抓行政管理工作，又能抓思想教育工作。

（三）行政体制管理的成效

学生行政管理工作的成效，取决于两点：一是领导和干部队伍，二是管理体制。当前有一批较长时间从事学生工作的教育工作者，他们有能力、有水平、有积极性与创造性，虽然管理体制不够完善，但凭借这批骨干的创造性和努力，高校的学生管理工作是有很大成绩的。随着社会的发展和新形势下对高校学生管理工作的要求，还需要改进工作、完善政策、健全体制。

行政体制管理成效是由学校的历史与现状、领导与干部队伍的素质和结构、教师与职工的思想水平与觉悟、学校的任务和条件等综合因素决定的。只有当一个具体模式适合学校的具体情况，并能创造出最优成绩时，才是最佳的选择。

从学校学生管理体制发展的趋势来分析，选择具体模式应考虑两个问题：第一，是否需要建立专门的学生行政管理体制；第二，是否需要实行学生行政管理工作与学生思想政治工作相结合的管理体制。对这两个原则性的问题的回答是肯定的，这也是今后加强学生行政管理体制的关键。

第一，人的思想和行动是不能割裂的，人的行动受思想的支配，而思想又需要实践的检验。要规范人的言行，首先要抓思想教育；要了解一个人的思想，必须先了解他的行动。所以，对学生的思想、言论和行动的教育、管理，只有真正地从组织上、思想上结合起来开展工作，才能改变相互割裂的现象，才能取得工作的最佳效果。

第二，学生行政管理工作是培养学生成为德、智、体、美、劳全面发展的社会主义建设者和接班人的一项重要工作。它对在校学生的学习、生活、行为起着正确的规范作用。它不仅需要一支具有一定理论水平和一定实践经验的稳定的干部队伍，还必须逐步建立一套专门的行政管理体制，否则难以适应当前形势下学生管理工作的要求。

第三，高校担负着培养青年学生的重任，只有将学生行政管理工作和学生思想政治工作相结合，只有建立一支专门的学生管理工作队伍和一套专门的学生行政管理工作体制，才能培养出理想信念坚定的合格人才。

二、高校学生思想品德教育体制管理

各高校人员素质、传统风格、办学特点不相同，新中国成立以来也经历过一些变化，但总的来说，我国高校学生思想品德教育实行的是综合管理体制，这种体制主要由以下几种制度构成。

（一）专职干部责任制

高校专职党团干部是党的教育方针与政策在各单位的综合贯彻执行者，是对学生进行各种思想品德教育管理的设计者，是发动全体教师教书育人的组织者。因此，专职干部在学生思想品德教育管理中发挥着不可替代的作用。学生专职干部主要指担任党团职务、专门从事学生教育管理的干部，包括学生工作部（处）或宣传部、校团委的干部，各系主管学生工作的党总支（分党委）副书记、团总支（分团委）干部等。专职干部一般按学生人数的 1∶150 配备，不足 150 名学生的单位可根据实际工作情况考虑。专职干部在学校党委的领导下，具体由学校主管部门和各系党总支共同管理。他们除根据实际表现和工作需要晋升职务外，作为学生思想品德课教师在晋升专业职务方面享受与其他业务教师同等待遇。

1. 专职干部的职责

（1）开展学生思想和学生工作的调查研究，根据全局形势，结合学校的实际，进行正确决策，统一制订本系统学生思想政治教育、管理工作计划，保证学生思想品德教育管理工作的整体性与系统性。

（2）负责安排、协调、组织开展党团教育、政治理论学习和日常思想品德教育管理各项活动。按照教育部的要求，专职干部要讲授或辅导思想品德课，并负责组织形势教育、高校学生思想修养、人生观教育、法治教育、职业道德教育、毕业教育与就业教育等思想品德课程的教学工作；负责指导年级主任、兼职辅导员（或班主任）、研究生政治导师的工作，包括制订工作计划，提供有关信息和教育材料，检查总结工作以及负责评比优秀教育工作者等工作；负责指导学生干部的工作，关心学生干部的培养教育，具体指导团组织、学生会开展各项教育管理活动。

（3）依靠年级主任、辅导员（或班主任）、研究生政治导师和学生干部，正确执行有关学生的各项政策，指导并做好学生的思想品德考核，毕业鉴定与考核，评定三好学生、奖学金、优秀学生干部、优秀团员、先进班集体以及评定贷学金等工作，负责做好学生的就业及派遣工作。

2. 担任专职干部应具备的条件

专职干部主要从毕业生或青年教师中挑选。从事学生教育管理的干部必须具备以下几个条件：

（1）坚持四项基本原则，积极拥护、努力贯彻党的路线、方针、政策，在政治上同党中央保持一致，一般要求是中国共产党党员。

（2）热心思想工作，热爱、理解、熟悉青年学生，联系群众，作风正派，坚持原则，办事公正，严于律己，为人师表。

（3）具有一定的社会工作经历和组织管理能力、表达能力和调查研究能力，能独立开展工作。

（4）具有大学本科以上文化水平，业务成绩优良。

（二）教师指导学生责任制

教师在教育学生的过程中起着主导作用。调动教师教书育人的积极性是抓好学生教育管理工作的关键。除了要求所有教师在教学过程中为人师表、严格要求、注重学生思想品德教育之外，这里说的教师指导学生责任制，是要求一部分教师在完成自己教学、科研工作的同时，兼做一个年级或一个班的学生教育管理工作。指导教师包括年级主任、辅导员或班主任、研究生政治导师（以下统称指导教师）。

指导教师中的兼职辅导员或班主任可以采用分段制（即一二年级为一段，三四年级为一段），也可以实行四年一贯制。人数在 120 人或 120 人以上的年级应配备年级主任，负责组织、协调本年级的工作，不满 120 人的年级可根据情况按专业或系配备年级主任，年级主任在任职期间以学生教育管理工作为主，也可适当担任少量的教学、科研工作。研究生政治导师以研究生人数1：40 配备，其待遇与业务导师相同。

指导教师由学校人事处、宣传部、教师工作部门、学生工作部门和所在院系党总支组成领导小组共同管理。人事处负责把指导教师的工作表现与教师出国、进修、晋升专业职务等政策挂钩；宣传部负责指导教师的自身提高、评比先进、总结交流工作经验等工作；教师工作部门负责把指导教师的工作表现与教师教学工作量、课时酬金的发放挂钩；学生工作部门与系党总支负责对指导教师的工作指导与考核。

指导教师由教研室负责考察挑选，由系党总支进行行政审核，报学校批准并颁发聘书。聘期一般为两年一期，可以连聘连任，无特殊情况未经批准不得随意更换，以保证工作的连续性。

1. 指导教师的职责

（1）努力贯彻党的教育方针，严于律己，言传身教，引导学生德、智、体、美、劳全面发展。

（2）负责指导学生团支部、班委会开展各项有益的活动，负责组织本年级（或班）的政治学习、组织生活、班务会议，做好日常的思想教育管理工作，保证学校各项教育管理计划、措施、制度在基层的贯彻落实。

（3）负责执行本年级（或班）学生的思想品德考核，评比三好学生、奖学金、优秀学生干部，推荐免试研究生以及毕业生就业等有关政策，对发展学生党员提出建议和意见。

（4）指导学生开展有关业务学习、课外科研、学术交流等活动。

2. 担任指导教师应具备的条件

（1）坚持四项基本原则，忠诚党的教育事业，品德高尚，作风正派，能做好学生表率。

（2）有一定的社会工作能力和从事思想教育管理工作的经验，工作责任心强。

（3）有一定的学术水平，教学效果好，在担任指导教师期间，担任本年级（或班）一门业务课的教学工作。

建立指导教师责任制是发动教师做学生思想教育管理工作的重要措施。由于大多数教师都有自己的教学科研任务，并且面临业务水平的提高与专业职务的晋升，加上学生工作投入大、收效慢、工作难度大、耗费时间多，使得大学里许多教师不愿意担任指导教师的工作。造成这种状况的原因是多方面的，应端正办学方向，提高全体教师对加强德育教育的认识。同时，要制定具体的措施，在政策上解除教师的后顾之忧。只有把教师的积极性充分发挥出来，把培养学生良好的思想品德作为全体教师自觉的行动，高校学生工作才能创造崭新的局面。

（三）学生自我教育与管理制

学生自我教育与管理制就是在学校党委的领导下，充分考虑高校学生的特点和未来社会对人才的要求，在学校专职干部、教师的指导下，通过学生干部，在学生中建立各项教育管理活动的制度。

学生自我教育与管理制包括学生党团组织制度，学生会组织管理制度，学生社团及刊物管理制度，学生勤工俭学、社会实践管理制度，学生业余文化、体育活动管理制度，学生寝室管理制度等。学生自我教育与管理制度由学生团组织、学生会在专职干部的指导下制定，按照团组织、学生会的系统下达执行，并负责检查、总结、修改、完善。各系团总支（或分团委）、学生会在执行制度过程中根据本单位的实际，在不违背学校团组织、学生会制度原则的情况下，可以进行适当的调整，作为学校制度的完善与补充。

1. 学生干部的职责

（1）学生干部所担任的各项社会工作，既是服务工作，也是学校不可缺少的教育管理工作，他们都应在自己分工的工作中认真贯彻党的路线、方针、政策。

（2）学生干部在自己所管辖的范围内，应大胆行使职权，弘扬正气，打击歪风，批评不良行为。

（3）对学生思想品德考核、鉴定、评比三好、评奖学金、入党、入团、毕业就业等，向专职干部、指导教师提出建议和意见（专职干部、指导教师及学校有关部门应尊重学生干部的意见，在加强指导的同时，放手大胆地使用学生干部，充分发挥学生干部在教育管理中的主人翁作用）。

为了让更多的学生做好社会工作，发挥学生的积极性，学生干部一般不兼职，有条件的班级、系可实行干部轮换制，以便使更多的学生得到锻炼。

2. 学生干部的具体条件

（1）拥护党的路线、方针、政策，积极要求进步，坚持德、智、体、美、劳全面发展。

（2）热心为学生服务，积极肯干，作风正派，在学生中有较高威信。

（3）学习勤奋刻苦，学习态度端正，学习成绩优良。

（4）校、系的主要学生干部必须是所在班的优秀学生。

（5）负责的某一方面工作尽量考虑到学生自身的爱好与特长。凡是受到学校通报批评以上处分的学生，凡是学习成绩较差或有不及格功课的学生不宜担任学生干部。

3. 学生干部的产生与调整

（1）所有团支部、班委会以上的学生干部，都必须经过全体会议或代表会议民主选举产生。新生进校第一学期应成立临时团支部和班委会。考虑到新生之间相互不熟悉，学生干部由专职干部根据招生或档案的记载与指导教师商量指定，第一学期结束时，再进行民主选举。以后根据情况每学年改选一次，学生干部可以连选连任。

（2）参加学校、系有关单位和部门工作的各类学生工作人员（如校刊、广播台、学生会各部工作人员）可采取选聘的办法挑选，经学生所在系的专职干部和指导教师同意后即可担任一定的社会工作。

（3）学生社团组织和社会实践、勤工俭学活动的负责人，由学生民主选举，分别报学校或系团组织批准，特殊情况也可由校、系团组织、学生会指定。

（4）学生干部的选举、增补、免职、调整必须经过同级党组织同意，并按管理范围向上级组织报告，按照正常的民主程序进行，不得擅自改选或任免干部。

4. 学生干部的培养与教育

（1）学校有关部门、校团委应利用业余时间有计划地对学生干部进行培训。培训内容包括理论学习、工作指导、经验交流、形势分析等。有目的地提高学生干部的思想觉悟与工作水平，增强他们的自我教育与管理能力。

（2）在寒暑假期间，学校应组织学生干部到边远地区、工厂、农村进行考察参观，了解社会实际，增强社会责任感和社会阅历。专职干部与指导教师在工作中要对学生干部严格要求，认真培养，既精心指导，又大胆放手，克服一切由学生干部自己干和包办代替的倾向，使学生干部在实践中不断成熟、进步。

5. 学生干部的考核与奖惩

（1）学生担任的社会工作，应在学生考核、鉴定中予以记载，对于工作中的成绩与实际水平也应如实反映，以便毕业就业时用人单位考察。凡是学生选举出的干部，都应在评三好学生、奖学金等政策中进行恰当的肯定，在学生入党、入团、毕业就业时应作为全面衡量学生的依据之一。

（2）学校除评比三好学生以外，每年还应评选一次优秀学生干部，优秀学生干部可以同时评为三好学生，以鼓励学生干部的工作积极性。

（3）对学生干部工作的考核主要由上级学生组织、学生专职干部和指导教师共同考察与评定。

（4）对有错误或因工作不负责造成损失的学生干部，按学校有关规定，不宜继续工作的，应按程序予以免职或除名。

第五节　高校学生民主管理

一、民主管理的概述

（1）高校学生民主管理。高校学生民主管理是指根据社会主义民主的本质，运用社会主义民主的形式，充分调动并发挥高校学生内在的积极因素和自主精神，在学校行政管理人员的领导下，组织高校学生参与管理，达到培养德、智、体、美、劳全面发展的"四有"人才的目的。高校学生参与民主管理具有社会主义的方向性，偏离了社会主义的方向，管理就失去了目标，也就失去了意义。高校学生民主管理采用社会主义民主的形式，是民主集中制的民主，而不是无政府主义和极端民主化的民主。

高校学生民主管理是高等学校大学生管理系统中的子系统，是高校学生管理的一种形式，它的基本作用和形式是参与和监督。它在学校领导和老师的指导下，既可参与行政管理部门的管理，又可管理学生自己的事务。

（2）高校学生民主管理的必要性和可能性。校园秩序的一个重要的方面是高校学生的学习和生活秩序，建立良好的校园秩序要靠学校的科学管理，如果没有高校学生的参与和管理，把建立良好的校园秩序只作为学校的事情，那么，良好的校园秩序就难以建立，所以调动高校学生参与民主管理的积极性，是建立良好的校园秩序的关键。发动高校学生参与民主管理不仅可以提高管理效能，而且可以在管理实践中提高他们的才干，这正符合培养目标自身的需要。

当代高校学生自主意识较强，对被人管理往往持反感态度。但是实践证明，他们的"自主"往往带有很大的随意性，没有学校的严格管理和引导不利于他们的健康成长。当代高校学生的参与感很强，愿意通过参与管理提高自己的才干和能力。因此，调动高校学生参与民主管理的积极性，既是可能的，又是必要的。

（3）高校学生参与民主管理的意义。通过高校学生参与民主管理，使高校学生在实践中接受社会主义民主教育，培养高校学生正确的政治观点、社会主义民主意识和民主精神，对于培养社会主义一代新人、对于全社会政治上的安定团结都具有十分重要的意义。高校学生参与民主管理，可以构建学校领导和学生之间的信息沟通渠道，密切学校领导和广大学生的联系，有利于建立良好的师生关系；有利于学校领导及时了解学生的情况，改进工作作风；有利于政治上的安定团结；有利于培养一批有领导才干、有管理能力、有献身精神的积极分子，这对于党的建设和社会主义事业都有着重要的意义。

二、民主管理的形式

（1）学生民主管理的组织。高校学生的组织包括共青团组织和学生会组织，就学生参与民主管理的目标和方法来说，二者都可以看作学生民主管理的组织形式。中国共产主义青年团是中国共产党领导的先进青年的群团组织，学生会是高校学生的群众组织，他们各自的目标和任务虽不尽相同，但就建立良好的校园秩序、培养社会主义建设人才的总目标来说，又是完全一致的。共青团组织和学生会组织都要在学校党组织和行政管理系统的领导下开展活动。无论哪一个组织都不是完全独立于学校党政领导之外的，所以都不能称为自我管理组织。班级组织和团支部组织是学校实行民主管理的最重要的基本组织，调动这些组织中的高校学生民主管理的积极性，完善民主管理制度，对于建设良好的校园秩序，具有特别重要的意义。

（2）学生介入学校管理系统参与学生管理的形式。这是通过学生代表参加有关学生管理会议，反映学生的意见、要求等形式来实现的。例如，有的高校聘请学生代表出任行政领导干部的助理等，就属于这种形式。

（3）专业性的学生民主管理组织。例如，有的学校建立学生宿舍管理委员会、伙食管理委员会、卫生管理委员会、治安保卫管理委员会、纪律管理委员会等，通过学生自己处理或协助学校处理问题，维持校园秩序。这些组织在行政管理部门的领导、协助和支持下组织起来并开展工作，但不能自行制定和学校的规章制度相抵触的管理制度。

三、民主管理的原则

高校学生参与民主管理必须遵循以下几项原则：

（1）导向的原则。民主管理的导向就是把民主管理引导到全过程民主的政策要求上来。导向正确，不仅使民主管理不迷失方向，而且能培养学生守法、守纪的意识和习惯。

（2）自主和尊重的原则。民主管理要调动学生的积极性，就要充分发挥学生的自主精神，减少依赖性。要充分相信并支持他们自己作出的符合原则的决定；有了错误，也要尽可能启发学生自己去纠正，要避免伤害他们的自尊心。管理者的责任是加强领导并及时给予指导，尽量不要代替学生作出决定，要尽可能让学生站在管理的前台。

（3）启发的原则。有些在管理者看来是简单的事，高校学生可能会争论不休，这是由于学生缺乏实践经验造成的。管理人员只能给予适当的启发，尽可能由学生自己去下结论，不要轻易代替学生作出选择或简单地下结论。

（4）充分讨论的原则。民主管理相比于指令性管理要复杂得多，反反复复地讨论，要花去很多时间，但只要是认真讨论，时间就不会白费。

（5）允许犯错误的原则。民主制度本身包含着产生错误的可能性，因为多数原则只服从多数，而真理有时在少数一边。要求学生在民主管理中一定不出错误是不现实的，有时正是在错误中才能学到更多的东西，关键是出了错要勇于承担责任，勇于改正错误。管理干部要勇于承担责任，培养一种敢于承担责任的意识。

（6）民主程序的原则。实行民主管理一定要遵循民主管理的程序，只有严格遵守民主程序才能在实践中提高学生民主管理的积极性、民主精神及守法意识。

四、民主管理的教育引导

调动高校学生民主管理的积极性，必须加强对高校学生的教育和引导。具体有如下四点：

（1）纠正学生因实践少而存在不少糊涂观念的现象。高校学生参与民主管理如果缺乏社会主义民主理论的教育，就有可能走偏方向。

（2）要加强民主管理中的责任意识教育。参与学校民主管理不仅仅是尽义务，而且也是高校学生的权利。无论是履行自己的义务还是行使自己的权利，都离不开正确的责任意识。尽义务是一种责任，行使权利也有责任，而这种责任的目标取向就是学校对学生的培养目标。责任意识的强弱同民主管理的效能成正比。

（3）在管理实践中帮助学生干部树立良好的作风。要培养学生干部密切联系群众的民主作风，批评与自我批评的作风，谦虚谨慎、戒骄戒躁的作风以及勤俭节约、艰苦奋斗的作风。管理干部自身的良好作风也将对学生产生潜移默化的教育作用。

（4）支持和帮助学生参与民主管理工作。对参与民主管理的学生，在强调为人民服务的前提下，要根据其不同的职责，给予不同的物质和精神激励。必须重视对他们的个别教育帮助，既要以诚恳、热情、耐心的态度帮助他们解决生活、学习、工作中的具体问题，帮助他们总结工作中的经验教训，也要帮助他们解决工作中的思想和认识问题；要和他们建立良好的友谊、密切的关系和深厚的感情，要把培养爱护学生干部和培养党的积极分子统一起来。

五、民主管理的应有作用

（1）培养学生的责任意识、纪律意识和法律意识。很多学校用发动全校学生民主讨论的方法来修订管理制度，并将讨论修订的条文提交全校学生或学生代表大会投票表决，然后由校长批准施行。讨论的过程就是一个学习和教育的过程，凡是讨论认真的，也往往是准备认真执行的。

（2）培养学生的自律精神。把学生的积极主动精神调动起来，在日常的生活和学习中参与管理，不仅可以加强和改善管理，而且可以培养学生的自律精神。

（3）培养学生公平诚实的精神。一个学习阶段的完成，有大量的工作要做，如评定奖学金、评选优秀学生和学生干部、进行毕业鉴定等。这些都可以发动学生民主讨论，培养学生的公平诚实的精神。

（4）培养学生社会主义民主意识和民主精神。在强调坚持四项基本原则的前提下，对学生组织的活动应尽量放手，让学生自己去组织活动，严格按照民主程序去处理日常工作。

第三章 "互联网+"时代下的高校学生管理主要理念

第一节 高校学生管理的核心理念

一、定性

具有生命的个体统称为有机体。基于高校教学科研等活动的高校有机体就是一个各种基本要素相互作用、相互联系、动态的统一体。学生管理是以学生为本，以促进学生发展为核心的，在实现高校有机体中起着关键、重要的作用。

（一）学生管理是高校有机体的组成部分

高校开展教学活动的目的在于提高学生的综合能力。因此，学生管理工作会直接影响高校总体的管理工作。与此同时，涉及学生管理工作的各个要素不是封闭、独立的个体，而是相互作用、相互制约的共同体。

1. 学生管理是高校有机体结构的重要组成部分

学生管理是高校有机体结构的组成部分。人才培养作为高校的首要功能，也是高校有机体三大功能之一。学生管理就是实现这一首要功能的主要体系。学生管理的部门在高校有机体结构中包括大学生就业指导中心、招生办公室、创新创业学院、院（系）学生工作部门、校团委等机构，在高校有机体各机构中占有十分重要的地位。

2. 学生管理是高校有机体内容的重要组成部分

高校有机体由教师、学生、社会、家长等因素构成，帮助每位学生获得全面的发展与健康的成长是其核心目的。学生管理通过教育教学与行政管理相结合，集中资源来满足学生的发展需求，以便将学生培养成为未来建设中国特色社会主义的中坚力量。

（二）学生管理是高校稳定的生命线

高校作为社会的重要组成部分，是社会保持稳定所需的中坚力量。大学生对新事物的接受能力较强，但缺乏一定的社会经验和正确的价值判断，极易受到一些不良信息的误导，从而影响自身的正常发展。因此，学生管理作为高校有机体的重要组成部分，对于确保高校的可持续发展、维护当前高校稳定、维护整个社会的和谐与安全有非常重要的作用。

1. 学生管理是维护高校自身发展的基本保障

如今，我国高校竞争愈演愈烈，高等教育快速转型，学生管理以维护高校稳定、安全为出发点，通过发挥学生管理效能，降低各种危机事件对高校的影响，维护高校正常的教学科研秩序，使广大师生能在和谐、有序的环境中学习、生活和工作，以此来促进高校自身的可持续发展。

2. 学生管理是维护高校人才培养的重要前提

人才培养是高等教育的根本任务，而稳定的高校环境是高校开展科研、教学，进行教育教学改革及管理的前提条件，直接关系到高校培养人才质量的高低。学生管理作为高校人才培养的支持力量和间接责任主体，理应加强与高校其他部门的合作，将一些先进的管理理念运用到学生管理工作之中，为学生营造良好的校园环境并提供多方面的服务，尽可能地满足学生的发展需求，以便更好地提高学生的整体素质水平。

3. 学生管理是高校构建和谐校园的必然要求

对于国内高校而言，构建和谐校园是不可忽视的重要工作内容，而要做到这一点，首先必须坚持学生的主体地位，了解学生的实际情况和发展需求，为学生提供多方面的帮助，营造和谐的校园氛围。在开展学生管理工作的过程中，高校应当将建设和谐校园作为具体的实践目标，在科学管理之中体现人文关怀。学生管理主要通过加强思想政治教育和组织文化建设，为构建和谐校园提供政治、思想和组织保障；通过坚持以人为本的发展理念，营造轻松和谐、积极向上的科研和教学环境；通过促进以学生成才为中心的办学理念，构建和谐的人才培养环境和安全、健康的校园环境；通过加强学生"自我服务、自我管理、自我教育"等教育理念，构建积极向上的、健康的校园文化，从而实现构建和谐校园的目的。

（三）学生管理是高校发展的新动力

信息和创新是全球化的基础。知识是全球化的先导，它们为全球化带来了竞争激烈的高度知识密集型经济，从而对家庭、劳动力市场、教育及知识的传播和高校的发展产生了深远的影响。我国高等院校在新形势、新挑战下，应当谋求发展，必须重视并重新建构学生管理体系和机制，使学生管理体系和机制成为高校学生发展的新动力。

1. 学生管理有助于高校创新型人才的培养

对现代高校而言，创新是推动高校开展管理工作的必不可少的要素之一，也是我国高校可持续发展的源泉，对高校的改革与发展具有重要的现实意义。

作为社会系统的一部分，我国高等院校的生命力取决于高校本身对社会的贡献能力及社会对高校的需要程度，即高校所培养出来的人才能否满足社会的需求。现阶段，我国已经有相当一部分高校在学生管理工作上取得了长足的进展，工作主体逐渐从"辅导员一学生单向互动"转向"辅导员一学生一专业教师、家庭一学校一社会多向互动"，注重学生主体发展；学生管理工作目标已从"保稳定"逐步转向"保稳定、促发展"；工作模式从"单纯学生工作"逐步转向"学生工作与学校学科资源优势整合发展"，注重创新服务；工作载体从"课堂、班级"逐步转向"公寓、校园社区文化活动"，注重学生的自我教育；工作内容从"专业学习"逐步转向"通识教育"，着重注意"服务学习"方式的培养；工作管理从"多层级管理"向"扁平化管理"转变，注重学生自我管理。由此，我国高校的学生管理为高校培养国家和社会所需的"厚基础、宽口径、高素质、强能力"创新型人才提供了有力的保障。

2. 学生管理有助于高校科学研究的创新

随着教育与科学技术、经济社会的发展日益紧密，人才观念、所需知识的内涵也随之发生变化。高等院校作为实施高等教育的场所，不仅能够开展高素质人才培养工作，还能够开展高新技术研究工作，这对完善国家创新体系具有重要意义。大学生是高校的重要组成部分，学生管理可以为大学生提供多方面的帮助，引导学生加强对科学创新的重视，着力培养积极参与科研的创新人才，通过与教师、社区、市场、教学媒体等多方面的良性互动，瞄准社会需求，引导高校科学研究，并在学科体系、科研方法等多个方面不断进行创新，从而达到促进学校发展和学校科学研究工作进步的目的。

3. 学生管理有助于高校与社会的互动和共赢

当前，我国正处于社会转型发展的关键时期，而高等院校作为人才培养的重要场所，应当加大对社会发展的重视，了解社会各行业对于人才的需求，从而有针对性地开展相关的研究工作和人才培养工作，以便于更好地促进社会发展。在具体实施过程中，高校学生管理部门应当引导学生关注社会发展信息，鼓励学生参与到社会服务工作之中，促进"大学生一学校一社会"的良性互动，实现社会、学校、大学生共同受益。

二、定位

高校在开展学生管理工作之前，应当先明确学生管理的定位，根据外部环境的变化与时代的发展来对学生管理的一系列内容进行调整，以便更好地满足学生的发展需求。与此同时，学生管理者在处理具体的问题时要确保不偏离自身的定位，有序地开展学生管理工作。

（一）从属性

从学生管理工作的归属来看，它可以作为高校管理系统中的一个子系统，也可以作为高校行政结构中的一部分。学生管理的从属性体现在以下两个方面：

1. 学生管理从属于高校管理系统

高校管理工作的运转依赖各个管理系统的相互协调和相互配合。学生管理体系属于高校整个管理系统，必须在高校管理工作的整体框架下运行和操作，服从和服务于高校社会服务、人才培养和科学研究的功能需要，和其他管理系统配合完成整个高等院校的任务。

2. 学生管理从属于高校行政结构

从高校的行政结构来看，学生管理主要是作为高校管理系统的一个组织架构，不能离开高校而独立存在。高等院校的教学工作除了会影响人才的培养质量之外，还会影响我国教育的发展和相关战略的实施。高校在开展教学工作时会受到国家政策的制约，必须严格按照国家相关规定来进行育人工作。因此，学生管理也必须明确国家规章制度的要求、高校的决策和高校行政机构的指令等宏观战略目标。

（二）服务性

高校在开展学生管理工作时应做到以学生为主体，坚持为学生提供服务，以达到促进学生发展的目的。

1. 转变管理理念，树立教育、管理、服务"三位一体"的意识

现阶段，以人为本的高校管理价值取向要求高校的学生管理必须改变线性式、传统单一的思维方式，以促进大学生全面发展为思想引领；适时转变管理理念，将过去以控制为主的管理理念转变为现在以服务为主的管理理念，将更多的工作重心放在完善管理工作之上，同时加强对教学中心工作的重视，为教师提供教学方面的便利，以便于促进学生的自主学习、学校的改革与发展、科技创新；进一步确立学生在学生管理中的主体地位，促进学生自主、全面、和谐地发展，达到管理即服务、管理即教育的最终目标。

2. 管理与服务协调统一

发展学生、以学生为本是学生管理的核心理念，以学生管理为逻辑起点，以学生管理为最高目标。结合高校育人的中心任务，学生管理应时刻以高校育人为核心追求，在工作流程、机构职责、协调机制、管理制度等方面，紧紧围绕学生发展这一核心目标，进一步处理好服务与管理的协调统一，深刻理解管理是服务的有效保障、服务是为了更有效地管理这一关系，保证两者职能的相得益彰、相辅相成。同时，在管理中加强服务也要切忌因强调管理的科学、追求服务的完善而忽视或淡化学生教育功能的发挥。

3. 加强管理的教育职能

对于国内各大高校而言，开展学生管理工作主要是为了提高学生的综合能力，为学生未来适应社会发展做好相应的准备。管理是一种特殊的教育方式。大学生自身的自制能力有限，因此要通过学生管理工作来引导学生加强自我管理的意识，逐渐从他律转变为自律、从自在转变为自为。因此，学生管理要加强其教育功能，向引导性的管理手段过渡，通过非强制性的启发形式，使管理工作以理服人、以情感人、理情结合；同时，在教育中周到服务，关注大学生协调发展中的生存力、发展力、学习力的问题，使学生能够不自觉地受到校园文化的积极影响，积极地面对校园生活中可能会遇到的问题。

(三) 整合性

高校学生管理是我国培养大学生政治意识与组织能力的重要一环，是高校管理机制中的难点与重点，可以保障高校教学与科研正常开展，因此要整合构建高校学生管理系统，不断优化各种资源配置，最终达到教育人、发展人、培养人的目标。

1. 学生管理理念的整合

目前，随着高等教育改革的不断深入，学生管理的理念得到完善和发展，在学生管理实践的同时不断产生新思想、新理念。因此，学生管理理念不是单一的，而是基于多种理念的融合而形成的整合性的理念。就我国学生管理理念来说，一是有关高校人才培养的人类生态学、社会学及心理学等方面的理论；二是有关人的全面发展的理论与以儒家学说为核心的传统文化思想；三是西方管理学尤其是高等教育管理等学科的发展与研究成为高校学生管理实践的理论基础。我国高校的学生管理者只有在不断探索中，把多种理论融会贯通，才能整合出一套与中国国情相适应的高校学生管理理念。

2. 学生管理目标的整合

学生管理的目标不是单一的，而是多样化、多层次的，是要根据具体情况，如高校学生的实际需求、高校的发展战略定位、师资力量、学科专业特色等多种内外因素来决定的。高校学生管理只有不断进行计划整合并调整，才能既满足多种影响因素的需求，又能高效完成学生管理目标。

3. 学生管理内容的整合

高校学生管理工作并不是固定不变的，其内容的完善是不断发展的过程。学生管理内容不仅包括常规管理、表彰奖励、处罚惩戒、奖助学金发放、困难补助、学籍管理和心理疏导与干预等工作内容，还包括职业生涯规划、学生创新创业等多个方面发展。这些零碎、烦琐的学生管理工作，需要进一步完善和整合，这样才能满足学生的需要，才能有条不紊地开展学生管理工作，这样的学生管理工作才具有针对性和高效性。

同时，学生管理内容的整合性还体现在高校资源的整合上，即整合校友、家长、社会企业等丰富资源。高校应通过各种形式的活动联系校友、家长、社会企业等，凝聚多方力量共同参与学生管理，积极营造良好的学生管理生态。

4. 学生管理实践路径的整合

高校之所以要开展学生管理工作，其目的在于根据运作机制来为学生提供服务。在此过程中，高校应当做好学生管理工作的安排，以此来提高学生管理水平。倘若没有成功整合的学生管理实践路径，其理论、目标与内容将始终停留在理念层面。在具体的实践中，学生管理者要将高校、院（系）、社会、学生多方资源作为节点，把这四个节点各自视为一个几何平面，并在学生管理过程中排列组合，发展出循环运行的学生管理的实践路径，体现出不同的阶段性特点；要学会判断、学会选择，帮助大学生树立团队意识，使其学会解决实际困难和问题，构建良好的人际关系，从而切实有效地提高大学生的综合能力，弥补大学生在发展过程中的不足。另外，高校在开展学生管理工作的过程中应当坚持以学生为主体，根据学生的实际情况来选择不同的培养方式，使学生能够充分发挥自身的优势，朝着更符合自身情况的方向发展，为社会发展与进步做出一定的贡献。

三、定能

高校学生管理工作是高校不可忽视的重要工作。在开展学生管理工作的过程中，学生管理者应当加强与校内其他部门人员的交流，为大学生提供一个既能充分享受自由又强调责任的成长环境。只有这样，学生管理才能实现其功能，进一步为学校发展和人才培养发挥积极的作用。

（一）维护稳定

对于学生管理者而言，开展学生管理工作的一个重要作用就是维护校园的安全和稳定。这表现在学生管理工作的方方面面，很多高校学生管理工作都在一定程度上体现了学生管理工作的维稳功能。例如，学生管理工作能够将班级负责教师、生活管理教师等的作用充分发挥出来，定期开展大学生心理健康状况及思想动态摸底调查工作，对于学生的思想动态能够达到大致了解的水平。当大学生存在心理方面的问题时，学生管理者能够在第一时间制定相应的解决方案，帮助大学生尽早摆脱心理疾病的困扰。与此同时，学生管理者还会定期进行回访，为存在心理障碍的学生提供完善的服务，引导学生正确面对自身的心理问题，以便于学生能够及时缓解自身的心理压力，从而降低过激行为的发生概率。

（二）促进发展

促进学生发展是高校开展学生管理工作的另一个重要作用。这体现在学生管理系统在大学培养人才，提倡人文教育和终身学习，使学生能够在学习知识的过程中不断巩固知识，充分明确学习和生活的重要意义，并通过与人沟通交流，成为善于处理情感问题和生活问题的人，并能真正做到严于律己、宽以待人。与此同时，高校开展学生管理工作能够使大学生更好地融入高校活动之中，在学习时做出正确选择，帮助他们构建良好的人际关系、树立团队意识、学会解决困难和问题。

最后，学生管理通过在教育体制和培养模式上坚持以人为本，从而创造一个有利于大学生成长的基础条件，营造一个有利于大学生健康发展的成长环境，促使大学生能够全面可持续发展，帮助大学生在发展中实现自己的人生价值，并成为一个对社会有价值的人。

（三）提供服务

高校学生管理工作的作用还体现在面向所有的学生提供各种服务，各个学生部门都会设立专门工作人员为学生提供各种各样的服务。在学生管理工作中，首先，大学生都是成年人，都具有独立行为能力，都能够为自己所做的事情承担责任；其次，学生管理是为学生服务的，理应根据学生的需求来提供相应的服务。高校学生管理具体的服务应当包括以下几种：

（1）生活方面的服务。例如，定期对学生进行心理疾病排查，解决学生的心理问题。

（2）助学方面的服务。例如，根据学生的家庭状况及表现来帮助学生申请助学金、构建学习信息平台等。

（3）就业方面的服务。例如，为即将毕业的学生提供就业咨询会、为毕业生举办招聘会。

（4）党团知识方面的服务。例如，为学生举办党团知识培训会、为学生举办党团知识竞赛等。

与此同时，在新时代学生管理中要摒弃"训人""管人"的传统教育管理思想，要坚持以学生为主，充分发挥学生管理的服务功能，促进学生成长与发展。在此过程中，学生管理者要深入学生群体，了解并满足学生的发展需求，拉近与学生之间的关系，急大学生之所急，想大学生之所想，做大学生之所需，为大学生提供更好、更优质的服务，以解决大学生在成长成才过程中遇到的各种实际困难。

第二节　高校学生管理的支撑理念

一、人性观

我国高校学生管理工作随着高等教育改革的不断深化带来了前所未有的挑战和迅猛发展。我们面对这些挑战，可以从管理学人性假设理论中寻求启示，并完善、创新工作机制。从管理学的人性假设来看，它所强调的是人们在一定的条件下对人的需求进行预设，以此制定相应的管理策略。国内外学者对于这种人性假设有着不同的认识，并开展了相关的研究工作，其中影响较为显著的论述主要包括五种，分别是"工具人"论、"经济人"论、"社会人"论、"管理人"论和"自我实现人"论。

(一)"工具人"论

从"工具人"论的观点来看，管理者与被管理者是相对立的，其中管理者的作用在于发号施令，而被管理者则需要完全以管理者的指令为指导来行事，如同一个"工具人"。然而，这一观点始终将人看成组织发展的手段，从根本上忽视了人的主体性存在，这与现今的学生管理已经脱节。与"工具人"论的基本思想不同的是，高校的管理者与应用到学生管理的学生并不是完全对立的，学生管理者在开展工作时，应当从学生群体中选取一定的学生参与到管理工作之中，加强对学生总体情况的了解，完善学生管理工作的内容，以便更好地服务于学生。与此同时，学生管理者还应当通过引导的方式来使学生认识到加强自我管理的重要性，使学生能够合理地控制自身行为，从而更好地达到学生管理的目的。

(二)"经济人"论

从"经济人"的观点来看，利益是人们实施某种行为的重要驱动力，因此人们在开展管理工作时应当充分运用物质奖惩来加强管理。国外一些学者认为，人一生所做的行为是不计其数的，有的行为在受到强化后可能会再次出现，而其他没有受到强化的行为可能就不会再出现。当人们通过奖励来强化人的某种行为时，人的需求就得到了一定满足，从而产生再次实施该行为的想法。正因如此，假设将"经济人"论应用到学生管理上则体现为：学生不可能在任何时候都对教学活动、学习内容等产生较强的学习动力，而针对这一情况，学生管理者可以通过给予一定奖励的方式来吸引学生的注意力，使学生积极参与到管理工作之中。在此之前，学生管理者要深入学生群体，在了解学生实际需要的基础上，制定能够满足学生需求的奖励措施，如对于成绩优异的特困生而言，学生管理者可以通过资金奖励来进一步激发学生的学习动力；对于有着科研兴趣的学生而言，学生管理者可以为学生提供科研平台，并为取得研究成果的学生提供物质奖励，鼓励学生代表院、校积极参加各类文体比赛、学科专业竞赛等，按照获奖等级给予相应的物质奖励；鼓励学生积极拓展第二课堂，开展创新创业训练等社会实践活动，根据活动效果对活动的参与者给予相应的奖励等。在一定奖励的作用下，学生逐渐培养了良好的学习兴趣，形成了良好的道德素养，从而有助于学生管理者更好地开展学生管理工作。

(三)"社会人"论

从"社会人"论的观点来看，管理者与被管理者之间的人际关系是影响管理工作的重要因素，当管理者能够真诚地理解和关心被管理者时，就能够更好地开展管理工作。高校要将"社会人"论应用到学生管理工作，就应当加强对学生情况的了解，做到以学生为主、为学生服务。因此，假设将"社会人"论应用到学生管理上则体现为：首先，学生管理者应明确学生自身的人际关系是影响学生发展的因素之一，良好的人际关系能够对学生的发展产生积极的影响，而较差的人际关系会对学生的发展造成阻碍。因此，学生管理者应当深入了解学生的实际情况，为学生提供交际方面的帮助，如为学生组织社团交流活动、社会实践活动等，使学生能够利用自身的空闲时间来锻炼自身的交际能力，结识一些志同道合的朋友，处理好自身的人际关系，从而更好地培养学生健康的心理并提高其综合能力。其次，学生管理者要坚持以学生为主体，真诚地关心学生遇到的问题，与学生展开深入的交流活动，使学生能够及时地反映自身所面临的问题，从而有针对性地进行解决。这样一来，学生管理者就能够更好地开展学生管理工作。

(四)"管理人"论

"管理人"论认为，应该在生产活动中意识到并充分发挥人的管理生产活动的能力与自主管理能力，将人从单纯的被管理者角色中脱离出来，成为管理人，以实现管理的目的。正因如此，假设将"管理人"论应用到学生管理上则体现为：随着我国高校管理体制的不断发展和完善，高校管理者在制定和实施某些决策的过程中会更多地考虑学生、教师等的意见。对于大学生而言，他们是高校的重要组成部分，可以在高校管理过程中发表合理的意见，也可以对高校政策的实施过程进行监督，这对于高校开展学生管理工作具有重要的意义。在此过程中，大学生理应从单纯的被管理者角色中超越出来，成为特定的管理人，将学生自主参与高校管理的能力充分发挥出来，以达到自我管理的目的。

(五)"自我实现人"论

从"自我实现人"论的观点来看，管理者不应强制被管理者实施某些行为，而应鼓励被管理者发挥自身的潜力，实现自我管理。可以看出，"自我实现人"论强调的是调动被管理者的主观能动性，使其各方面的需求得到满足，主动地参与管理工作，实现管理目标。正因如此，假设将"自我实现人"论应用到学生管理上则体现为：

首先，应当着重注意育人环境的营造，着力为大学生的全面发展营造良好的氛围。一方面，高校教职员工应树立以人为本的观念，注重为人师表，加强学高为师、德高为范的师德建设，实行导师制，由品德高尚、学识渊博的教师作为学生的导师，以高尚的品德来影响学生，使学生在一个较好的氛围中学习。另一方面，学生管理者要投入更多的精力来改善校园文化，使校园内充满正能量。以校园网站为例，学生管理者应积极以校园网站作为工作平台，运用学生喜闻乐见的网络语言来拉近与学生之间的距离，利用便捷的网络途径来了解学生的发展需求，有针对性地为学生提供信息服务，使学生能够及时地接受最新、最贴近学生生活的信息，从而满足学生在思想文化层面的需求。

其次，高校应鼓励学生参与到学生管理工作之中，学生管理学生，学生为学生服务，从而提高学生管理工作的效率。在实施过程中，可供高校选择的学生管理方式主要包括两种，分别是制度化管理和民主化管理。其中，制度化管理主要指的是高校根据学生的实际情况制定行为规范，通过行为规范来督促学生逐渐形成自觉按照行为规范行事的习惯；而民主化管理指的是依靠学生自觉管理的方式进行管理，使学生能够充分表现自身的发展需求，寻求多方面的帮助，从而达到管理的目的。这两种管理方式各有优缺点，因此学生管理者在具体实施过程中应当将制度化管理和民主化管理有机地结合起来，将学生内部自我管理与外部制度管理有机地结合起来。

二、学生观

从高校学生管理者的角度来看，学生观表现为教职人员对学生的不同认识的集合。学生观并不是固定不变的，它会受到国家经济、政治、文化等因素的影响，从而发生相应的变化。通过对学生观的研究，人们可以更加明确学生管理者、教职人员与学生之间的关系。

（一）学生是学习者

作为社会的未成熟者、教育专门的培养对象，学生承担着学习科学文化知识的重要任务，是理所当然的学习者。作为受教育者，学生是教育的特定培养对象，而学习是学生生活中的一部分。因此，学习者是学生最基本的角色定位。

把学生当"人"是学习者角色的前提和基础，是尊重并承认学生为"人"的动机、需要、人格特性、情绪情感。每位学生都是不同的个体，他们对于学习往往会产生不同的看法，学习效率也会有所不同，这表明了学生并不是被动接受教育的学习者，而是有着自主学习意识的学习者。换言之，学习是学生主动探求未知知识的过程，是必须依赖于学习者参与、体悟才能实现的行为，绝不是由他人灌输或授予的活动。

（二）学生是消费者

如果从市场经济的角度来看待高校与学生之间的关系，那么人们可以将高校看作为学生提供教育服务的"卖家"，将学生看作向高校购买教育服务的"买家"，只有当高校所提供的教育服务满足了学生的需求，才能真正地保障学生的权益。这样一来，高校与学生之间的关系将会发生根本性的改变。作为教育服务的提供方，高校理应满足学生的学习需求，为其提供相关配套的服务，这就是一种消费者与服务提供者之间的关系。

从相关调查资料来看，无论教师、学生，还是其他行业的人员，大多数人认同"教育是一种消费"的观点，但是在实施过程中，教育更多的是作为一种管理活动来实施。大多数人之所以认同"教育是一种消费"的观点，主要原因在于学生需要缴纳上学的费用，这代表着学生购买了教育服务。事实上，高校作为"卖家"并没有表现出对学生消费者身份的认同感。造成这一情况的原因主要有两个：其一，高校所提供的教育服务有限，因此对学生"消费者"的教育作用也有限；其二，过去我国的公立高校受市场的限制较少，一些公立高校并没有及时、灵活地调整教育内容，导致学生的发展需求无法得到满足。现阶段，我国高校与市场之间的联系较为密切，能够及时、有效地调整教学内容，这表明了高校逐渐认同学生"消费者"身份，将其作为高校运行与管理工作中必须充分考量的重要因素之一。

（三）学生是被管教者

在传统观念的影响下，师生之间长期保持着"上对下"的关系，教师所说的话就是"权威"，学生只能按照教师所说的内容来执行，否则就是违背了道德。现阶段，家庭环境的教育功能日趋衰弱，其主要原因是家庭难以提供大学生健康成长所需要的教育影响和支持。为解决上述问题，高校就必然要承担越来越多的以前只是属于家庭内部履行的职责，再加上高校面对市场化办学的竞争压力，促使学生管理者扮演了父母的角色，在学业之外更多地承担起"替代父母"的职责——指引、陪伴、确保学生不出危险和举止得体。也就是说，对于大学生来说，学生管理者俨然成了父母之外的另一个管教者，那么在高校这个场域里，学生自然就成为被管教的对象。

高校和教师运用相应的手段、方法管束学生的言行或行为被称为管教。对于高校教职人员而言，其实施管教行为的目的在于及时纠正学生在学习过程中的不良行为，使学生能够更好地接受教育服务，提高学生的文化知识水平和思想道德水平，从而促进学生更好地发展。从中可以看出，管教有着两种不同的含义：其一，高校教职人员按照正常、合理的程序对学生进行教育，使学生能够得到各个方面的提升，从而推动高校育人目标的实现；其二，高校教职人员根据学生的实际情况来规范学生的学习行为，使学生能够尽快回归到正确的教育途径上，但在管教的过程中必须保障学生的基本权益，避免造成学生身体或心理上的伤害。所以说，只有当高校教职人员以合理的方式来教育学生和管理学生，才能将其称为管教行为。

高校或教师在"学生是被管教者"的观点影响下，其管教行为会出现一定的偏差，即忽视学生的差异性，统一管理学生，使得学生无法发展自身的个性，只能被动地接受教师的指挥，完全按照教师的指挥来发展。当过度强调学生管理的权威性时，教师在管教时就会强制要求学生服从规定，并按照规定来调整自身的学习行为，而不能按照自身的想法来行事。这样一来，学生管理的服务功能就会弱化，而更多地强调其控制和约束功能，从而达到维持高校的秩序和等级分差的师生关系的目的。

（四）学生是创造者

经济全球化的大趋势下，都在着重强调创新的重要性，而自主创新能力已成为国家与国家之间竞争的核心能力。高校承担着培养具有自主创新能力人才的重任，但是受历史传统和认识偏差等因素的影响，学生在过去很长一段时间里，还是以客体的身份参与到科学研究、人才培养、教学管理等高校管理工作中。将学生作为高校教学管理和人才培养的重要参与者，实现学生的客体性参与向主体性参与的转变成为高校学生管理工作的重要课题。

除此之外，在高校的管理、人才培养计划的制定等方面，学生也逐步地参与进来。学生的创造者身份在通过学生自身的努力后得到了来自社会和高校的承认。

三、管理者观

管理是一个比较宽泛的概念，涉及实现组织目标（目的）、管理的资源（对象）、计划—组织—领导—控制（手段），是一种动态的过程。学生的管理者则侧重于高校管理者关于活动规律和管理现象的必然性、普遍性的认识，是高校管理者经过长期实践和思考中概括总结而来的理性观念的体现。高校学生的管理者观可以从高校辅导员的身份论、功能论来进行探讨。

（一）身份论

一直以来，我国高校辅导员存在"身份模糊"的困惑。随着《普通高等学校辅导员队伍建设规定》的发布，人们可以明确得出高校辅导员具有双重身份，分别是高校的党政管理干部身份和教师身份。因此，高校辅导员可以以自身的实际情况来评聘专业技术职务，也可以根据实际表现和工作年限晋升相应的行政职务。从身份论来看，高校辅导员具有两种角色：教师和干部。

1. 教师

韩愈在《师说》一文中描写道："师者，所以传道受业解惑也"，给教师这个职业下了定义。所以，时至今日，人们更多地会将登上讲台的人看作教师，而很少将奔走于教室与学生宿舍、对学生进行思想政治教育的辅导员看作教师。事实上，辅导员的身份就是教师。

辅导员的教师职能主要表现在对学生的思想政治教育、社会实践教育等多个方面。在当前的高校教育中，高校必须引导学生明确辅导员的身份，投入更多的精力来培养具有较强的专业能力和专业素养的辅导员队伍，这样才能更好地调动高校辅导员的工作积极性，促进学生更好地发展。

2. 干部

高校辅导员主要负责的是学生思想政治层面的教育，因此辅导员是不折不扣的党政管理干部，在高校学生管理工作中具有重要的影响作用。从发展的角度来看，辅导员能力水平的高低会直接影响学生的发展，而学生的发展情况又会影响高校的发展，因此辅导员是影响高校长远发展的不可忽视的因素。当前，国内高校中的辅导员无论在思想品德方面，还是在专业素养方面，都已经达到了较高的水平，已经成为高校干部梯队建设的重要基础。

（二）功能论

从高校学生的主体性出发，高校辅导员有参与者、陪伴者；实施者、组织者和指导者；知心朋友和人生导师；引路人四种角色。

1. 参与者、陪伴者

辅导员承担着参与者、陪伴者的角色。在大学生离开父母进入大学后，辅导员成为参与学生生活、陪伴学生度过其大学生涯最重要的人物。要扮演好参与者、陪伴者的角色，辅导员就要做到与学生平等相处，积极参与到学生的成长过程之中，了解学生在成长过程中所遇到的问题，与学生一起解决当前存在的问题，从而更好地促进学生成长。但是，参与者与陪伴者的身份意味着辅导员不是灌输而是分享，不是强制而是引领，不是居高临下地施舍而是平等地给予。对于高校大学生而言，分享是彼此相互交流的过程，只有这样，才能形成辅导员与学生之间良好的师生关系。

2. 实施者、组织者和指导者

虽然大学生在大学校园中会遇到大量的教师，但是见面次数最多的往往是辅导员，因为辅导员除了在学生学习上提供帮助之外，还会在学生生活上提供较多的帮助。据相关统计资料，我国有相当一部分大学生受家庭的管教较少，因此较多大学生存在缺乏自我管理能力的问题。因此，辅导员必须承担起相应的责任，为这些大学生提供帮助，使他们能够掌握必要的自主学习和生活技能，达到自我管理的目标。

除此之外，辅导员还有必要引导大学生认真学习法律法规、严格执行高校规章制度等。每当高校制定了新的规章制度时，辅导员都要第一时间向大学生进行讲解，使大学生更好地明确高校规章制度的内容、规范自身的行为、更好地适应大学生活，从而促进学生身心健康发展。

3. 知心朋友和人生导师

对于大学生来说，辅导员也是促使其健康成长的知心朋友。在大学生面前，辅导员应该以兄长、同辈人的身份出现，尽可能地消除教师与学生之间的距离感，尽量多用课余时间与学生沟通和交流，逐渐成为学生值得信赖的朋友。只有这样做，才可以使学生在遇到问题时及时地向辅导员汇报和反映，辅导员才能全面、真实地了解情况，进而有针对性地为学生提供帮助，切实解决问题。

从高校辅导员的工作内容来看，其既包括学生学习上的帮助，又包括学生生活上的帮助，因此辅导员算得上是大学生的人生导师。辅导员在处理学生问题的过程中也会遇到一定的阻碍，这要求辅导员应不断加强对学生的研究，深入了解不同学生的情况，从而为学生提供多方面、深层次的指导。

4. 引路人

大学生需要得到精神上的支撑和鼓励。绝大多数青年大学生是蓬勃向上的、有朝气的，他们从思想上追求进步，追求真理，渴望获得成功、得到社会和他人的认可，希望从大学和社会中得到更多的精神层面的鼓励及帮助。辅导员主要负责的就是学生的思想政治教育工作，将促进大学生社会化作为重要的工作任务，通过形式多样的教育、实践及各项活动的开展来使大学生逐渐确立自身的人生理想、对自己的人生产生更深层次的认识，从而使大学生能够更加明确自身存在的意义。与此同时，辅导员还要引导大学生坚持以正确的价值观念来处理自身所面临的问题，成为一个能够为社会不断创造价值的人才。因此，高校辅导员应当具备较高的思想道德素质，在面对工作中出现的问题和社会现实问题时，能够做到正确的评价及引导，循循善诱，以身作则，真正实现思想政治教育的目标价值。

四、学生事务观

学生事务观主要是指人们关于高校学生事务工作观点的集合。从有关学生事务观的研究来看，学生事务观的内容主要包括两点：开展学生事务工作的原因和开展学生事务工作的过程。学生事务观能够为高校开展学生事务管理工作提供一定的指导。因此，高校在开展学生事务管理工作之前，应当以正确的学生事务观作为指导，以便于更好地开展学生事务管理工作。

（一）载体论

从载体论的观点来看，高校学生事务管理工作的载体包括所有能够承载有关高校学生事务管理工作内容信息的形式。管理载体的基本特征为相称相配、体现承载、具体形象、有效传达等，其主要作用为媒介负载作用，主要包括传媒、文化、管理、典型等几大类载体形式，存在目的与手段的二元关系。

高校学生思想政治教育管理载体是思想政治教育内容与学生事务管理工作相结合的产物。这使得高校在开展学生事务管理工作的过程中能够有效地对学生进行思想政治教育，以便于更好地提高大学生的思想道德水平。总的来说，高校思想政治教育管理载体具有综合性、社会性、广泛性、艺术性的特征，以及及时有效、深入细致、影响持久、感染力强等属性，其功能主要包括修身育人功能、规范行为功能和素质培养功能，这些都有利于实现思想政治教育的目的。

（二）需求论

科学发展观中的"以人为本"理念对于高校有着重要的影响作用。当"以人为本"的理论应用于学生事务管理工作之中时，学生事务的管理不再是单向的控制、管理、约束，而是对大学生的基本尊重。从需求论的观点来看，要促进学生的发展，首先要了解学生的发展需求，然后尽可能地满足学生的发展需求。在具体实施过程中，学生事务管理者应当将注意力放于人的情感、社会、心理因素、归属感上，强调人的合理需求。学生主体对学生和自身的发展负有责任，而学生事务的管理在于直接服务于高等教育的使命——促进学生全面而个性地发展，形成健全的人格。大学生需求也日趋丰富，因此，特别是在价值观日趋多元化的情况下，高校应当不断更新学生管理理念，创新学生管理模式，丰富学生管理手段，健全和完善学生管理制度，以科学的方式促进大学生的全面发展。

学生事务管理者只有真正做到把学生作为管理、教学和教育的主体，充分尊重学生的主体性，才能构建"以人为本"的学生管理体制。在学生管理的过程中，学生事务管理者应当做到以下几个方面：

（1）学生事务管理者要给予学生基本的尊重。

（2）学生事务管理者要拉近与学生之间的距离，了解学生的实际需求，从而有针对性地制定解决方案。

（3）学生事务管理者要引导学生探究书本以外的知识，使学生充分发挥自身在某些方面的优势；同时，要积极引导学生将所学的知识运用到实践之中，促进学生身心健康发展。

（4）无论在课堂教学，还是在创业训练中，学生事务管理者要坚持为学生服务，在满足学生发展需求的过程中实现管理目的，同时拉近与学生之间的距离，真正做到"一切为了学生、为了一切学生、为了学生的一切"。

（三）问题论

从问题论的观点来看，要做好管理工作，管理者就必须重视现实的问题，通过对问题的预判、查找、分析和解决来进行有针对性的管理。对于高校而言，如果能够将问题管理法运用到学生事务管理工作之中，那么通过分析学生存在的问题就能够有针对性地解决学生的问题。问题论主要关注于采取什么措施或方法能够使管理更加富有效率，重视学生的个人感受，强调通过建立详尽的工作规划、合理的组织架构、明晰的职责分工、严格的规章制度，来约束与强制工作中的行为活动及管理程序化和采用物质激励等，其实质是以事为本的管理理论。

大学生管理工作中运用问题管理，其主要特征是制度化、规范化、模式化，强调制定行之有效的规章制度，而规章制度应包括组织、掌握、实施等多个方面的具体内容。在问题管理法的作用下，大学生学习模式、行为准则、纪律制度、运作程序都更加具有规范性，同时学生能够通过发现问题来学习新的价值理念，重新认识自我管理的重要性，从而更好地推动学生事务管理工作的开展。

在具体实施过程中，高校可以通过制定和强化科学的管理制度来实现问题论的管理。以学生安全管理制度为例，高校可以定期对学生进行安全教育，引导学生提高安全防范意识，以此来减少学生安全问题的发生概率。再以高校与学生家长的沟通管理制度为例，高校教职人员可以定期与学生家长开展交流活动，使学生家长能够根据学生在学校的情况来了解其心理状态，又能及时向学校反馈教育学生的意见与建议，打通家校管理的双向通道，真正实现教育管理的全域覆盖。

第三节　高校学生管理的治理理念

一、自治论

在高校开展学生管理工作的过程中，学生管理者应当鼓励学生根据自身的实际情况来进行发展。这样既能够充分满足学生自我发展的需求，也能够有意识地为学生提供服务，久而久之，必然会对高校教育事业产生积极的影响，进一步适应新时代高等教育事业发展的要求。但是，根据我国高校学生管理的实际情况，现阶段，大学生自治主要是通过参加学生组织机构和行政管理机构来进行高校自治管理活动，但这种学生自治模式并不等同于西方国家的自治模式，而是有一定的限度和条件的。大学生自治的过程并不是一蹴而就的，而是一个循序渐进的过程，并且应该以积极的措施进行引导。在现有的条件下，高校学生管理的自治建构具体表现为由外到内、由浅入深的若干形态，即制度环境、自治行为、物质文化、精神文化，将四者有机地联系在一起，互相影响、互相制约、相辅相成。在此基础上，高校学生管理自治的新机制要围绕以下几个方面进行建构。

（一）表层的物质文化：学生自治的环境保证

以环境为载体是高校学生自治的一个重要特点，主要包括两个方面，分别是软件方面和硬件方面。其中，软件方面主要指的是学生在进行自治时所处的环境与氛围、高校各职能部门对于学生自治所提供的帮助等；硬件方面主要指的是学生在自治过程中所需的活动场地、相关设施等物质形式的内容，学生的情绪和心理受到硬件好坏的直接影响。正因如此，高校必须要加大对学生自治工作的环境的重视，一方面通过满足学生在软件和硬件方面的需求来调动学生自治的积极性，另一方面为学生提供自治方面的指导，使学生能够更顺利地开展自治工作；与此同时，要保证学生自治环境的良好运作，使其激发学生自治成员的凝聚力和自豪感，提高其工作和学习的效率，提升学生的人格。

（二）浅层的自治行为：学生自治的形象塑造

从学生自治过程中的行为来看，学生自治并不是以静态的形式呈现在人们面前的，而是学生在学习、工作、社会实践活动中，通过行为习惯、精神面貌等以动态形式呈现在人们面前的。在大学校园中，人们往往可以通过学生干部的言谈举止、校园整体的学习氛围来了解学生的自治行为文化。换言之，学生的自治行为是相当活跃的，是动态变化的，是随处可寻的。正因如此，我们要重新塑造学生自治的形象，使其在一定程度上将学生干部的基本素养和理想信念反映出来，进而展现学生自治的魅力。

（三）中层的制度环境：学生自治的结构重组

通常情况下，人们都会自觉地遵守制度，将其看作实施某些行为的准则。在大学校园中，学生自治组织有着特定的组织结构和规章制度。从学生自治组织的组织结构来看，它有着明确的层级关系、隶属关系等；从学生自治组织的规章制度来看，它包括活动制度、财务制度、值班制度、组织章程等，整体较为完善。学生自治组织是高校的重要组成部分，因此在开展相关工作时应当严格遵循学校要求。学生管理的学生自治组织结构应服从学校的制度安排，与此同时，还要着重突出自治管理的方式，以达到更好地为学生服务的目的。

（四）深层的精神文化：学生自治的理念培养

与物质文化建设相比，精神文化建设更多的是着眼于学生的心灵活动，通过一系列活动来使学生获得新的精神层面的感受。在大学生开展自治活动的过程中，做好精神文化建设能够改善学生的价值观念，从而对学生产生积极的指导作用。因此，学生自治组织在高校学生管理的过程中，应该继承优良传统，并在改进中不断创新精神文化内涵，总结和确立适合于学生自治的共同价值观，培养自己深层次的自治精神文化，构建健康的精神家园。

二、治理论

与自治论相比，治理论并没有那么悠久的历史，它是近年各种国际组织中及西方乃至全世界的学术界广为流行的一个新概念。"治理"一词来源于古希腊语和拉丁文，意为操纵、控制和引导，可以说，"自治"与"治理"是两个相对的概念。治理论之所以重新获得学者的青睐，与政府和市场的失灵有关。随着社会的不断发展，人们迫切需要一种新的理念作为指导，尤其在现有理论解释不了公共管理问题的情况下，有利于更好地开展活动。当"治理"有了新的含义之后，该词在社会经济领域出现的频率逐渐变高，并且受到了学界的广泛认可。

将治理论引入高校的学生管理工作当中，其主要含义是指相对于之前所述的学生占主体位置的自治论。在高校学生管理工作的治理论的范式下，高校在学生管理中起到主导作用，其主要目标是通过一系列手段引导、管理、鼓励学生工作的开展，在提供服务时处于主导性地位，自上而下地为学生提供服务。

综上所述，基于我国现阶段高校治理论的发展状况，高校治理论存在不少困难和问题。当前，在学生管理中高校应主动作为，进一步强化内部治理建设，着力从内部组织、外部环境及互动机制等方面对该理念加以构建，使其更加完善。

（一）构建更加多元的高校学生管理理念的外部环境

从传统的治理理念上分析高校学生事务的管理，我们不难发现，其仅仅局限于两个维度，即学生和高校，且指向仅为自上而下的单一形式。然而，我们发现当今社会已经逐步转变为多元发展的社会，高校管理亦不例外。正因如此，在进行高校治理理论的构建时，我们应当做到从原先二维的环境向更加多元的环境发展，使高校治理理论更加丰满、更加充实。毫无疑问，这需要资源的优化与整合。因此，高校在开展学生事务管理工作的过程中要加强各方之间的联系，有针对性地对资源进行整合，提高学生事务管理的效率。首先，高校要实现从"学校—学生"的单向互动到"学生—家庭—学校—社区—社会"的多向互动转变。这样做，一方面加强了学生与学校之间的沟通，搭建了与社会和社区互动的桥梁；另一方面也可以全方位关注学生的外界环境，为学生提供更多资源方面的帮助。其次，在资源整合的过程中，高校要逐渐将重心从校内转移到校外，以便于更好地发挥其他资源的优势，从而更好地为学生服务。除了要加强与校内各方的合作伙伴关系之外，高校还要强化与校外相关组织的合作伙伴关系，吸纳社会、社区、校友等多方面的力量，通过全方位的资源优化与整合，最大限度地为学生的发展提供机会，达到公共利益的最大化和资源整合的最优化的目的。

（二）构建完善高校学生事务管理的内部组织体系

在建设学生事务管理队伍时，高校应当投入较多的精力，以便于提高其专业性。对管理者而言，治理理论的提出为其提供了更高的要求。与过去单纯要求专业不限、工作热情高、政治素养高不同，新的学生事务管理需组建一支专业化、职业化程度较高的管理组织队伍，主要是由包括社会工作、教育学、心理学、法律、体育、管理学、信息技术等专业背景的具有硕士研究生及以上学历的优秀人才组成；与此同时，进一步完善管理人员的用人机制，改变传统的"保姆式"管理与教育，实现专业分工，直接帮助、支持、服务学生的全面发展。

在我国高等教育的发展过程中，学生会不断产生新的发展需求，因此学生事务管理者应当对管理工作的内容和方式进行调整，不再简单地根据问题解决问题，而更多的是在坚持为学生服务，从组织方式上满足学生的不同需要，激发学生的潜能，最终实现学生发展。

（三）构建更加合理的互动机制

传统的治理理念机制比较僵硬，着重于自上而下权威式的治理模式。随着社会的发展，传统治理理念愈发地显露出它的弊端。正因如此，想要解决传统治理理念的弊端，我们就需要创建更加合理的互动机制来取代原有的僵化的管理机制。这种机制，即"高校—学生"双重的互动。作为个体和公共共同参与管理事务，学生也应该定位为学生事务管理的行动主体之一。治理理论强调学生的积极参与和良好合作，这不仅是自上而下的行政命令，还是一个上下互动沟通的过程。以学生发展为核心就需要关注学生群体的组织关系，要让学生在自我组织中实现成长成才。学生组织也是高校学生事务管理行动中充分实现学生参与的有效途径。在面向学生组织发展的学生事务服务中，我们一方面要关注传统性组织（校团委、学生会、班级、团支部、党支部等），另一方面要关注对新型的学生组织（如各种学生社团等）提供服务和支持，通过指导学生组织发展，实现学生组织的多元化再造，从而激发学生的参与能力。在具体参与的项目上，基本包含监督参与、决策参与和评议参与。其中，监督参与在于对教学管理、教学质量、教学过程等的监督，激发学生参与其中；评议参与在于办学思想、校园文化等顶层设计；决策参与涉及学生切身利益的规章制度，如学生工作管理的规章、评优选优、奖助学金的评定、宿舍管理、生活保障服务等。

三、管理论

从国外的研究资料来看，"管理"的传统含义为"领导、执行的艺术"。现在，人们更多将"管理"解释为对指导某个组织开展活动，即通过科学、有效的方式来指导组织成员运用物质资源、知识、人力等实现某个特定的目标。在开展管理工作的过程中，管理者就是指挥组织成员执行相关指令的人，起着重要的统领作用，是管理工作中必不可少的一部分。学生事务的管理则侧重于校园课堂教学之外的管理，即学校管理者怎样利用教育内部各种有利条件，组织协调学生工作队伍，充分利用财力、人力、物力等资源，高效率地实现管理目标的活动过程。

总而言之，管理理论认为，管理并不是由个体单独展开的活动，而是管理者和多个组织成员共同展开的活动。学生事务管理是高校管理工作中不可忽视的一部分。在开展学生事务管理工作之前，学生事务管理者必须先以高校教育理念作为工作中的指导思想，建立完善的组织结构，以确保能够顺利地开展管理工作。在此过程中，学生事务管理者应当处理好学生与学生、学生与高校、学生与校外方的关系，了解学生的实际情况和发展需求，以便更好地为学生提供服务。应当明确的是，这里所说的管理论，指的是那些经过人们反复验证修订后，用以解释管理现象的理论、观念及其模式。

从当前的情况来看，我国的高等教育已经发展到了大众化阶段，并继续向新的阶段发展。在这一时期，高校大学生的个性特点、行为习惯等已经发生较大的变化，而过去的学生事务管理模式对于学生发展的推动作用是相当有限的，甚至还会阻碍学生的发展。因此，高校必须正视这一事实，及时地对高校学生事务管理模式进行调整。基于对高校学生事务管理理念的定义，我们把学生事务管理看作一种行动，而行动的主要目的在于促进学生发展，使其形成自主而全面发展的、健全人格的"最优化人"。由此，高校学生事务管理是由行动者（学生管理者与学生）之间的互动构成的。事实上，高校学生事务管理工作并不是由学生管理者或学生主导的管理工作，而依赖于学生管理者与学生之间的交流。在高校学生管理工作的实施过程中，学生管理者与学生之间要积极交流，即学生要及时向学生管理者表达自身的发展需求，而学生管理者要及时为学生提供相应的帮助。这样一来，既可以满足学生的发展需求，又可以实现管理目标。

总而言之，管理论的提出和发展，对于我国高校开展学生管理工作有着重要的积极意义，能够弥补"治理论"和"自治论"的不足。与此同时，借鉴了国内外各种先进理念的优势和可行之处，最后不仅提出自身的模式和理念，也在此理念上构建出更适合于现实需要的管理体系。

第四章 "互联网+"时代下的高校学生事务管理创新

第一节 高校学生事务管理的演变

一、学生管理与思想政治教育

从某种程度上讲，学生管理与思想政治教育有着密切的联系。下面我们就从另一个角度对学生管理进行分析。

作为教师，首先要清楚对学生进行思想政治教育主要是为了解决学生在思想与道德上的问题。上学时，最让学生记忆深刻的往往是德育教师，他们密切关注学生的一举一动，只要学生有违纪行为，就会立即对学生进行教育，让学生今后不再犯同样的错误，养成良好的学习行为。

二、事务管理与学生工作

20世纪90年代，与学生事务管理相关的管理工作相继产生，具体包括关于贫困学生的管理工作、关于学生就业的管理工作等。这一时期的学生管理并不是单纯地对学生进行管理，还包括对学生的教育。

随着时代的发展以及教育日益受到社会的关注，学生管理的任务增加了，主要体现在两个方面：一是人们迫切需要学校加强对学生的管理，以提高学生的成绩；二是社会责任让学校不得不加强对学生的管理，以保证学生在学校得到良好的教育。随着学生管理内容的进一步充实，学生的方方面面都被列入了学生管理的范畴。

我们必须要清楚，学生管理工作的各个方面并不是独立存在的，而是紧密联系，不可分割的，如果忽视任一方面，都会影响学生管理工作的开展。

对学生工作的内容进行细致地划分，如图4-1所示，可以发现，学生管理工作的内容是非常丰富的。

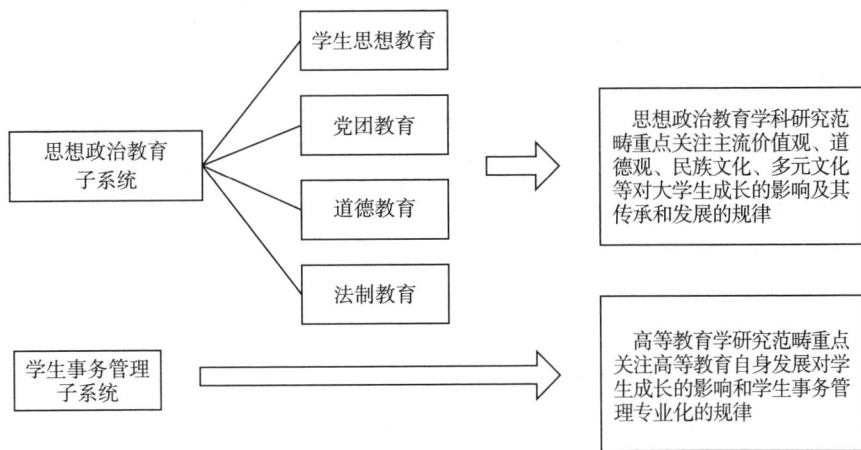

图 4-1　学生管理工作内容

第二节　高校学生事务管理的内容

一、高校学生事务管理的自身管理

（一）组织结构设置

在学生事务管理的过程中，管理人员能否有效地完成学生事务管理工作，关系着学生事务管理工作的成功与失败。因此，高校相关领导有必要为工作人员设计一套合理的组织结构，就是把学生事务管理进行分类，划分成若干部门，并根据管理幅度控制原理，划分相应的管理层次，进行合理的授权，明确组织中的各种关系。有了明确的分工以后，管理人员才能在实际工作中更有效地面对所遇到的问题。一旦学生事务管理所处的内外环境发生变化或管理目标难以实现时，高校的相关管理人员就要通过一系列的措施对这种已经形成的组织进行调整；并且，还要在这样分工明确的组织中找到对应的管理人员，明确权责，对其工作关系进行评估和重新调整，以保证学生事务管理工作任务的完成。

（二）队伍建设

美国高校在 20 世纪中期就完成了学生事务管理专业化进程，比我国开始进行学生事务管理早了半个世纪。美国高校对不同岗位的管理人员的聘任和晋升都有明确的要求，一些专业协会和高校的某些相关专业还为从事这项工作的人提供职业培训。美国高校一般设有与学生事务管理相关的专业，其目的就是为学生管理领域培养相关的人才，以便学生事务管理事业能够更好地发展。就目前情况来看，我国的学生事务管理事业也正朝着专业化、职业化方向发展。学生事务管理者必须对学生状况分析、学生学习生活管理、学生活动和环境评价、经费控制及技术使用等技能了如指掌。

在队伍的建设方面，高校需要做的就是对学生事务管理工作人员具体负责的事宜对其分类，并建立相应的职责准则，其目的就是更好地对学生进行管理，同时使管理人员进步。

（三）制度建设

对于任何团体、企事业单位或者私营单位来说，其内部都有相应的制度，首先其作为一项基本保障，保障人员的工作以及人身安全，其次它是约束人员工作的一项基本措施。该制度体系主要包括组织设计标准、管理职责、各岗位工作标准、工作程序、工作评估标准与程序、反馈制度等。在学生事务管理制度体系的运行过程中，高校应注意管理制度的实施、监督检查和持续改进等环节，从而保持制度体系的有效性。

这些学生事务管理制度一般要通过一定的程序，以规定、条例、手册、制度等形式公开发布。

制度建设还应有相应的工作评价。工作评价主要围绕各组织和管理者的职责、工作计划、专项任务进行考核，可分为年度工作评价、专项工作评价，也可分为机构评价、个人评价，其目的是检查学生事务管理的绩效和学生的满意度，以改进今后的工作，进一步有效利用资源，促进学生发展。

（四）信息化管理

现代科技的发展已经超出了人们的想象，人们生活在信息化时代。对于企业来讲，如果没有精确的数据，没有相关的工作人员对其进行处理，企业的信息化传递是不可能实现的。对学生事务管理也是一样，信息化管理是信息系统以数据为中心进行事务处理的过程。数据是稳定的，而事务处理是多变的。

第一，开展学生事务信息化管理，要建立面向社会和学生的、可公开发布与查询信息的信息系统，包括学生事务的公告、通知、新闻等信息，学生工作制度，师生信息交流平台，学生基本信息查询，学生综合测评查询，学生奖惩信息查询，毕业生就业管理平台（包括毕业生、招聘、用人单位等信息的发布与查询）等。

第二，相关的领导和工作人员要建立起一个供学生事务管理人员、学校其他职能部门使用的内部信息管理系统，这个系统应包括学生事务管理工作办公自动化系统（应满足公文收发、流转、签发、归档等办公需求）、学生奖惩处罚信息维护、毕业生就业信息维护、学生工作考核与评价体系信息维护等。

(五) 经费管理

充裕的经费是开展学生事务管理的保障条件之一。国外高校尤其是美国高校已建立起面向市场的多样化的学生事务管理经费筹措机制。目前，我国高校学生事务管理的经费主要来自高校的拨款。

筹措更多的经费是学生事务管理部门必须重视的问题。为此，我国高校应借鉴国外高校多渠道筹集资金的方法，引入社会资金（如社会捐赠、校友赞助、企业资金等）以增加资金总量。另外，对现有的经费分配使用进行科学化、规范化管理，避免随意性，力求做到合理有效地利用。

二、高校学生事务管理的具体内容

(一) 招生管理

我们先做一个设想，一个学校，在一切准备就绪（指授课教师、管理人员、硬件设备等基础条件）的前提下，首先最需要做的就是招生，因为只有招收到学生，学校才能开始实施对学生的管理工作，才有后续的一些内容。

招生包括筛选可以入学的学生，调查并记录入学学生的基本情况，对准备入学的学生进行注册学籍等一系列工作。实际上招生人员在招生的过程中所扮演的就是"推销员"的角色，其目的就是走出去为学校争取更多生源。在一些地区，学校为了能更好更快地招收到更多的学生，还特意向招生人员教授市场营销课程。

(二) 日常行为与奖惩管理

通过对各国高校管理情况的研究，我们可以发现一个共同的特点，那就是每所高校都将学生的日常行为管理放入学生管理事务的范畴中。不管什么样的学校，每个班级中总会出现一些调皮的学生，在课堂上破坏教学秩序，不认真听课，导致课堂秩序混乱。对于这样的学生，学校通常会对其进行警告，如果再有类似的情况发生会找学生谈话，但是当所有的措施都起不到相应效果的时候，学校就会联系学生的家长，与家长进行沟通，情节过于严重的可能会勒令其退学，以免对班上的其他同学造成更大的影响。

在对违反了相应纪律的学生进行处罚的过程中，学校需要遵循一定的程序，具体内容如图4-2所示。

(三) 入学辅导

高校是一个全新的环境，与之前所在学校的各个方面都有很大的差别，还有一些学生选择的是外地的高校，如果南方的学生选择来北方的高校学习，首先不适应的就是当地的气候，南北方的差异比较大，南方的学生会受不了北方寒冷干燥的天气，北方的学生去南方的高校也是同样的道理，这就需要教师给

```
┌──────────────┐      ┌──────────────┐      ┌──────────────────┐
│  申诉和举报   │ ==>  │ 学生事务管理  │ ==>  │ 专门（申述）委员会 │
│              │      │   部门调查    │      │ 听证并做出处罚决定 │
└──────────────┘      └──────────────┘      └──────────────────┘
                                                       ║
                                                       ▼
┌──────────────┐      ┌──────────────┐      ┌──────────────────┐
│   实施处罚    │ <==  │  校务会决定   │ <==  │    学生申诉        │
└──────────────┘      └──────────────┘      └──────────────────┘
```

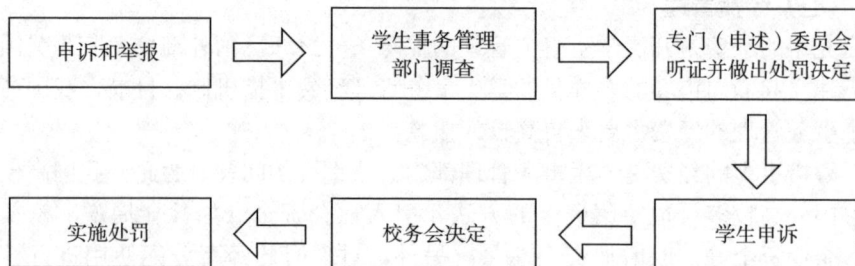

图 4-2 处罚学生的程序

予学生一定的关怀。另外，由于与之前所在学校的学习环境不同，新的阶段开始时，学生并不清楚自己要怎么学习，教师的任务就是帮助学生对这一转变进行调节，使学生尽快适应现在的学习和生活环境。

（四）公寓管理

说到学生公寓我们并不陌生，公寓是每名学生晚上休息的地方，在这个地方学生无话不谈。我们需要明确的是，公寓是学生的公共场所，在这个场所中学生不能只顾自己的感受，忽略其他人的存在，在别人准备休息的时候，为了不打扰其他人休息，学生就要将自己的音量放低，这是尊重他人也是尊重自己。教师的职责就是要培养学生养成良好的学习习惯，促使学生在这个环境中不断成长。

在我国的高校学生事务管理中，公寓管理的价值还未充分挖掘，这也许与我国高校偏重班集体建设有关，但随着后勤社会化和教学学分制的推行，这一状况今后会有显著改变。

（五）学生组织管理

当学生刚刚进入校园、融入这个大集体生活的时候，首先映入学生眼帘的是学校的各种社团组织，有时候学生还会见到这些社团深入校园各处去宣传，寻找他们的社员，以便能够使社团发展壮大。

对这些社团组织的管理也属于学生事务管理的范畴。为什么这么说呢？因为这些社团没有教师参与，都是学生自发组织的，这些学生都有一个共同的特点，就是都对他们所进行的这件事非常热爱，如篮球协会、英语协会、电脑协会等，他们对篮球、英语、电脑等有着满腔的热情，聚集在一起就是为了探讨如何才能在学校这个自由的空间内发挥他们最大的作用。

学校所能做的就是尽学校最大的可能为这些社团组织提供相应的场地，有条件的情况下，可以请专业的教师对其进行指导，不让其走弯路，使其在学校得到更好的发展。

（六）学生就业指导

学生在经过了几年的学习之后就会离开学校。俗话说，"铁打的营盘流水的兵"，学校里的学生就像部队里的兵，每年都会招收来自不同地区的"兵"，但是"部队"还是"部队"，永远都不会变；"兵"却每年都会发生变化。学校就相当于部队的营盘，一直在那里，等待新的学生到来。

学生毕业之际，学校的管理人员所要做的就是对学生的就业前景、就业方向进行分析：当前最繁荣的行业，在经过几年之后可能发展成什么样；现在的冷门行业再过几年之后会不会发展得比现在的热门行业还要繁荣，这就要求教师对当下的市场行情有一定的了解、分析，对学生进行相应的指导，帮助学生就业。

（七）学生资助管理

就目前我国高校的教育来看，学生在学校中学习时的花费相对来说还是比较高的，更不要说那些偏远地区的学生，在学校中的花费让他们在经济上很困难。高校中已经有一些相应的措施来保障学生学业的完成，那就是对学生经济上的资助。由于这与学生密切相关，因此有关学生资助也被划分到学生管理事务中。

对学生的资助主要表现在四个方面，具体如图4-3所示。

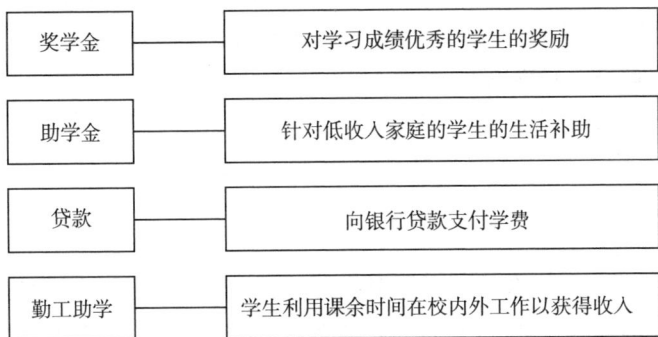

图4-3 对学生资助的内容

以上就是目前高校中所设立的资助学生的一些措施，除了奖学金是由学生的成绩决定的，其他三项都与学生在学校中的成绩没有直接联系，学生可以根据自己的实际情况申请。

当然，除了上述工作内容之外，学生事务管理的内容还有很多，并且随着社会的发展，一些高校为了适应学生的需要，还会不断增加新的学生事务项目，如一些美国高校增加了诸如对艾滋病患者的管理，解决性骚扰、性暴力问题，以及消除种族、性别歧视等新的管理内容。

三、高校学生事务管理的特点阐释

（一）科学性与艺术性

在管理学生事务方面，作为管理人员在工作中要遵循一定的科学性，即了解学生的特点，明确科学的指导思想，在具体的组织活动过程中，制订科学的管理制度和工作计划，对学生实施正确、有效的教育、管理和服务，促进学生全面发展。

学生事务管理的客体既包括具体事务也包括学生，但最终要通过学生的发展体现管理的价值。高校学生作为学生事务管理活动中最活跃、最重要的因素，宏观的科学管理不能解决全部问题，尤其在面对学生个性的差异、管理结果不可预知或难以量化时，必须运用艺术性的管理。学生事务管理的艺术性指将人的情感、友谊、自尊等非理性需要纳入学生事务管理思维中，并具有应对非常规、突发事件的随机应变的处理能力和面对不同特点的学生灵活发挥的管理艺术。

科学性是学生事务管理必不可少的基础。它注重客观数据、分析结论、程序化、规范、理性体验、同一性等。科学性强调在学生事务管理过程中行为的严谨性、系统性和完整性，如同人的骨架和躯干给人体带来平衡和稳定。艺术性则是一种思维的升华，如同流动的思想、神韵和血液带来活跃与发展，是一种个性化的管理。因此，在学生事务管理实践中，科学性与艺术性应并重。

（二）普遍性与特殊性

不管任何事物，其本身都是一个统一的矛盾体，就像一个独立的人，既拥有其他人的一些共性，又拥有自身的特性。具体到学生事务管理，既有普遍性，又存在特殊性。

1. 服务意识

学生在入学之后首先要做的就是熟悉学校的环境，学校的环境主要包括两个方面：一方面是自然环境，另一方面是人为环境。自然环境就是学校的分布状况，学生每天都要去上课，首先要明确上课的具体位置，不能临近上课还在匆忙寻找教室。

人为环境是指学生与教师及其他同学之间的熟悉程度，这时教师需要做的就是帮助学生熟悉身边的环境，帮助他们在学习生活中进行选择。教师要时刻抱着服务学生的心态帮助学生，这样才能使学生在一个良好的环境中快速成长。

2. 管理的主要职责

对于学生事务管理来说，不同高校都有着相同的工作职责。通过对学生事务管理工作的进一步了解，我们可以发现，不同高校所具有的相同的管理工作职责基本上包括教育、管理、服务三个方面。教育方面的工作职责主要指掌握学生的日常情况，其中包括对学生日常行为的约束；管理方面主要体现在对学生管理相关政策、制度的执行及执行程序的公正、公开；服务方面主要体现在对学生的主动干预和对需要帮助的学生提供支持。

3. 学生的主体地位

在学校的教育中，教师居于主导地位，教育的主体是学生。从这句话中我们可以看出，在学校中，学生是教育工作者一切工作的中心，学生在学校的发展是学校管理人员的基本出发点。另外，各国的教育发展都有其特殊性，国情的需要、历史文化背景的不同以及各国之间社会环境的差异所导致的管理方面的理念有所不同，这就是特殊性。即便是在同一个国家的不同地区，由于学校的发展状况不同，在学生管理方面也会有着明显的差异。本书对学生管理差异的表现做了相应的总结，其特殊性主要表现在以下几个方面：

（1）强调党对高校学生工作的领导，实施党政合一的两级管理模式。党委是高校学生工作的领导核心。高校要建立和完善党委统一领导、党政齐抓共管、专兼职队伍相结合、全校紧密配合、学生自我教育的领导体制和工作机制。

（2）采用主动干预式的学生事务管理方式。西方国家的学生事务管理主要采用"窗口服务式"，在学生需要的前提下，为找上门来的学生提供服务，学院很少有学生事务管理专职人员。我国高校在院系基层设有学生工作副书记和专职辅导员，他们在日常生活中直接与学生建立密切联系，主动介入学生的学习和生活，开展各种教育管理工作。

（3）重视班集体的建设和管理。班级是中国高校最基本的学生组织。从入学到毕业，每位学生都有与自己发展紧密联系的班集体。这与西方高校学生以社团或公寓为基本组织有显著的区别。班级组织是学校教育、管理和服务的基本单位，也是学生事务管理的主要载体之一，它一般设有班委会和团支部两个组织。我国高校为所有的高校学生提供住宿，这是不同于西方高校学生事务管理的一个特点。在高等教育大众化和发展学生个性的教育目标中，学生社团组织作用日益显著，但班级组织仍是学生事务管理者必须重视的学生组织，其教育和管理价值仍是难以估量的。

（三）教育与管理双重属性

学生事务管理实际上是帮助学生探索价值理念，正确处理个人与集体的关系，约束自己的行为，明确职业发展目标。即使是处罚违纪的学生，也应以教育学生为出发点。大量服务性事务管理也是根据学生需要和不同成长阶段的要求，为学生提供专业的服务及设施，以帮助学生成长。因此，高校学生事务管理传承、发展了大学文化，对学生起到了潜移默化的教育作用，实现了教育属性与管理属性的融合。

正是基于这一特点，高校学生事务管理者并不是一个单纯的身份，他们在学校中所扮演的不仅是领导者，还是管理者，更重要的是他们还是教育者。从这一点上看，学生事务管理者要按照大学的人才培养目标，不懈地从事促进学生发展的工作；作为领导者，学生事务管理者必须把具体事务的要求与配置和分配合理的人力、设施、经费等协调起来，以促成学生事务管理使命的实现；作为管理者，他们必须合理地运用人力资源、物质资源和管理方法，确保其他相关工作顺利实施。

第三节　高校学生事务管理的机遇与挑战

一、高校学生的新变化带来的机遇与挑战

当今的大学生是伴随我国的改革开放成长起来的一代，社会经济的高速发展、各种思潮的不断涌入、互联网等高科技媒体的蓬勃发展、社会转型期文化意识的强烈震荡、高等教育改革的日益深入，使大学生的思想和心理受到了很大的冲击。在这样的时代背景下，高校学生群体自身出现了前所未有的新变化、新特点，这些变化与特点对高校学生事务管理产生的影响可谓利弊共存。

（一）高校学生的新变化带来的机遇

改革开放以来，高校学生发生了可喜的变化，这在无形中增强了高校学生事务管理者的信心，进而促进高校学生事务管理的发展。

改革开放以来，我国的经济得到了快速的发展，政治形势逐渐稳定，综合国力越来越强，由此国际地位也得到了很大的提高。在这样的大背景下，我国的高校学生发生了新的变化：他们的爱国热情和民族自豪感得到了极大的增强，具有较强的政治觉悟和社会责任感，人生价值取向积极向上，务实进取，有较强的竞争意识和自强精神。此外，随着社会竞争日益加剧以及受社会多样化趋势的影响，大学生更加注重自身素质和个性发展，参与社会活动的热情增加，许多学生在重视专业知识学习的同时，乐于从事一定的社会活动以提高自己的能力。高校学生对交费上学、毕业后自主择业等高等教育改革举措也已从心理上适应。总之，当代大学生思想政治状况积极、健康、向上，主流是好的。他们胸怀远大理想，自立自强，乐于接受新生事物。与此同时，他们身上的独立性、多元性和差异性也越来越突出，这些都在一定程度上会增强高校做

好学生事务管理的信心。

（二）高校学生的新变化带来的挑战

当代高校学生由于受各种因素的影响，出现了一些值得高校学生事务管理重视的新变化、新特点。这些都对高校学生事务管理带来了一定的挑战。

1. 学生成分复杂化

我国高等教育大众化进程的迅速推进彻底打破了精英时代办学模式单一、学生种类单一的局面，使高等教育的办学层次更加丰富，学生种类多样化。很多高校多层次、多形式、多校区办学，同一学校有本专科生，也有研究生；有公办学生，也有民办二级学院学生；不同校区学习生活条件和校园文化氛围也不一样。同时，2001年国家取消高考年龄、婚否等条件的限制，已婚育龄学生越来越多，高校学生将由不同年龄结构、成就取向、生活阅历、心理个性等多层次的人员组成。同一教室上课的学生生活阅历大相径庭，他们的世界观和人生观层次不一样，他们对自我的要求和学习的目的性就呈现出多种不同的层次。此外，我国独生子女、单亲家庭子女、贫困家庭子女等比例也日趋增多。由于上述变化，使高校大学生群体存在着层次性，学生的需要目标也是多层次的。因此，高校学生事务管理需要设立各种不同层次的目标激励和满足学生的不同要求。

2. 学生价值观多元并存，并日趋务实

从价值观角度来看，在当前改革开放和发展市场经济的新形势下，当代高校学生价值观发生了历史性转变。由一元价值观信仰转向多元价值观信仰，出现了多种价值观并存的格局，价值及价值观的相对性和层次性显著增强；由以理想主义为基本特征的价值取向转向务实求真的价值追求；由重义轻利的传统价值观转向利义并重的现代价值观；由过去的集体本位价值观转向重视个人利益、权利和权益的价值观。随着改革开放的不断深入，越来越多的大学生的自主、竞争、公平、效率等时代意识增强，开始追求进取务实的价值选择。这些变化要求高校学生事务管理应更具说服力。

3. 学生压力增多，心理问题突出

从中国的社会和文化特点来看，大学生是一个承载社会、家长高期望值的特殊群体，其自我定位比较高，成才欲望非常强，心理承受力又弱，挫折感强。这种特殊的成长经历又形成了其他国家少有的大学生群体特殊的精神、情感、心理等特殊问题。在新的社会条件下，高校学生面临着学习压力、经济压力、就业压力等，有的学生思想负担过重，心理健康问题突出。

4. 生源上的贫富差异

高校收费制度改革，使农民和下岗职工等弱势群体的子女上学难度增大。

贫困学生的生活、学习问题，其能否顺利完成学业、就业，学生中消费水平的贫富差异及由此引发的思想问题已经成为当前高校不可忽视的重要问题，也日益成为影响高校校园稳定的重要问题。

总之，随着高校办学的社会环境不断变化，高校内部管理体制改革的不断深化及高校学生群体素质、观念、思想状况的变化，高校学生事务管理的内涵也在不断变化，时代赋予高校学生事务管理新的功能，也对其提出了更高的要求。

二、网络信息技术的发展带来的机遇与挑战

（一）网络信息技术的发展带来的机遇

以互联网为标志的现代化信息网络，被誉为人类文明史上的又一座里程碑，其高速发展将人类带入信息社会。在当前的信息社会，各种层出不穷的信息技术在人们的现实生活活动之外凝结出一个虚拟的空间，在这个公共空间里，大量的信息汇集，人们可以自由地进行交流，信息得到了最大限度的传播。这对高校学生事务管理来说，极大地延展了管理的时空界限，也为高校学生事务管理的现代化提供了广阔的技术平台，并促使高校学生事务管理将网络信息技术的应用与促进学生学习和个人发展的使命结合起来。

网络信息技术正逐步成为高校学生事务管理快捷、有效的现代化手段，学生事务管理工作的很多步骤和功能都可以借助网络实现。通过对学生信息的采集、分类、整理、传递、存储、加工、分析、使用，能及时了解和把握学生的思想动向和关注热点，并对相关信息对象进行预警提示和干预调整，增强高校学生事务管理的感染性和针对性，并使高校学生事务管理跨越时空障碍，从周期长、效果反馈慢转变为即时性较强、周期短、见效快，并日益朝着管理的自动化、决策的科学化、服务的网络化迈进。

（二）网络信息技术的发展带来的挑战

网络信息技术的发展和广泛应用为我国高校学生事务管理带来了极大的挑战，具体体现在以下几个方面。

第一，网络信息时代的开放性、平等性，冲击着我国高校学生事务管理的传统体制。在互联网出现以前的相当长的历史时期内，教育者主要依靠信息差的优势来教育学生，对信息的垄断可以说是权威的有力象征。它在高校学生事务管理中的反映，就是管理人员是权威者，管理职能主要停留于封闭式的约束、控制、规范上。如今，在信息社会，互联网的出现和扩大则打破了这种管理者对信息的垄断及由此衍生的集权控制。教师不再是知识的垄断者，在学生面前不再是知识权威，教师的地位由权威者向平等者、由传授者向求知者转

变。它要求高校学生事务管理应由传统的自上而下的单向灌输和学生被动接受的方式，转变为双向、多向的直接交流和互动。

第二，高校学生网络成瘾综合征的出现与网络信息的良莠不齐，增添了我国高校学生事务管理富有挑战性的新内容。网络信息技术是一把"双刃剑"，它在变成全球性的力量的同时，正逐渐染指人类历史的根基，向人类历史注入极不稳定的因素。网络所具有的"电子海洛因"作用使不少高校学生患上网络成瘾综合征。

第三，在网络开放性基础上形成的网络文化是一种超越国家和民族界限、超越时空和地域界限的文化，网络极大程度上改变了人们获取信息的方式和总量。需要注意的是，人们虽然可以借助网络获得大量的有用信息，方便人们的学习和生活，但是网络中也存在着各种各样错误、落后的乃至有害的信息和价值观念。如果大学生没有很强的辨别能力，很容易受到精神垃圾的干扰和侵蚀，造成思想观念上的偏差。除此之外，网络的虚拟性也使得学生容易淡化已有的道德观念和法律意识，更严重的会诱发学生的犯罪行为。

可见，如何正确引导高校学生认知网络、提高文化的选择能力以化解网络带来的负面效应，已成为高校学生事务管理必须面对的一个新课题。

第四节 高校学生事务管理的信息化创新

一、建立多元参与管理格局

在当今多元化发展的社会格局中，公共管理已经打破传统格局，不再只是以"政府"为核心，个人或机构组织等均可以参与到社会管理中。在构建高校学生事务管理协同运行机制时，不同利益者在其中都被赋予不同的责任与角色：学校代表的是教育者的角色，也是教育教学的制定者和决策者；学生虽然是被管理对象，但也是其中的参与者和监督者；媒体、合作单位、家长等在整个过程中属于监督和促进的角色。每个角色的责任虽各不相同，但都相辅相成、相互制约、共同合作。

（一）提高多元参与意识

对于高校学生事务管理的参与者来说，其中的各种利益关系都需要仔细认清，才能在参与过程中发挥自身真正的作用。

从第一层利益关系来看，高校教育从业者首先需要树立"服务意识"，这对高校管理人员来说尤为重要。在实践过程中，必须以党中央的指导方针为基准建立校长责任制，才能保证高校正确的办学方向，高校的教育质量才能得到提升。与此同时，高校管理者应当逐步淡化自身的"掌控"意识，不断强化

"统筹"观念，并努力协调各个参与者之间的利益关系，将资源进行整合、流程进行优化，实现各个参与者的协同管理。

高校学生事务管理中的各个参与者，既要履行好自身的责任与义务，也要对其他利益相关的参与者给予足够的尊重。当参与者出现不同的意见和观点时，要充分发扬民主，做到科学治理。在这个过程中，学生虽然是管理对象，但是参与者也需要对学生表现出充分的尊重，调动学生参与到构建高校学生事务管理的过程中。当学生对事务管理构建的环节存有疑问和意见时，参与者需要积极听取，将学生的建议与意见融入构建过程中，这也是对学生在教育过程中主体地位的尊重。同时，对于媒体、家长、合作对象的各种关切和询问，参与者要做到及时回应，主动接受其他参与者及大众的监督，以公开、务实的态度做好参与者之间的沟通和合作，共同完成高校学生事务管理的构建。

从第二层利益关系来看，学生个体及学生之间成立的各种组织也要积极参与到校园的治理工作中，树立自己的主人翁意识。具体来说，学生要注重将自身的诉求表达出来，同时有效行使自身的监督权，并主动与学校管理人员建立有利的双向关系，使自己既能够合理表达，又能够从中得到反馈，做好"上情下达""下情上达"的工作。

从第三层利益关系来看，教育主管部门要积极推动高校的改革与创新工作，为高校学生事务管理协同参与创建一个和谐、健康的环境，并在其中充分发挥自身的主观能动作用，为高校学生事务管理工作的改革进行指导和督促，并大力弘扬民主精神。另外，教育主管部门还要充分调动家长、企业、媒体等其他参与者的积极性和主动参与意识，集合各类社会资源，为学生事务管理的构建做出努力和贡献。

（二）提升多元参与能力

一个决策的科学性和合理性，对于高校管理来说尤为重要。因此，从角色的合理性和科学性出发，就必须听取利益相关者的各种建议，并接受他们的监督。为此，首先，要坚持以发扬民主精神为核心，并以民主原则和民主程序为目标；其次，要坚持公开、透明的管理机制，将信息公开化，让更多想要了解或对其中信息尤为关切的人及时了解。

在当下的高校环境中，学生个体和学生组织的发展速度相对缓慢，虽然从表面上看多为学生内部进行"自治"，但在本质上还是由学校领导与学校的相关部门进行直接领导和管制。这就意味着，学生组织所表现出的内容很大程度上并不是学生自己真正的"声音"，不仅学生真正的诉求没有得到满足，学生的参与作用也没有得到真正体现。因此，改变这种现象必须从以下三个方面做起：

首先，国家应当加强相关的法律法规建设，从顶层开始确定权利范围，并突出学生参与的重要性。

其次，学校要大力培养校内的各种学生组织的自主自治，尊重学生的自治权利，让学生组织真正代表学生，表达学生真实的诉求。学生组织保持自身的独立自主，并不意味着学生组织完全脱离学校的管束，其仍然需要接受党组织的引导和约束，在实现自我治理、自我教育的同时做到自我约束。

最后，学校要减少对学生组织的行政干预，杜绝学生组织中的等级观念，扩大学生组织在学生中的影响力。

二、完善协同共治机制

在构建好高校学生事务管理协同运行的格局后，还需要为格局的实现和运行建立良好的路径，否则，再好的理论构想都将形同幻影。因此，根据我国高校学生事务管理协同运行机制所面临的主要问题，其路径的实现可以从两个方面入手，即"学生事务管理专业化"与"扁平化管理体制改革"，将权利明确、分工落实，构建有效的协同治理体系。

（一）学生事务管理专业化

我国高校学生事务管理是指学校专业人员及相关部门以"政治教育"为根本，有针对性、有目的地促进学生德、智、体、美、劳全面发展，对学生的行为、人格等方面进行有效的管理。这包括了多个方面的内容，如助学资金、大学生就业、团建活动等。

从以往各个高校在学生事务管理工作上的开展可以看出，基本都是围绕思想政治工作进行的，但从本质上来看，思想政治并不能作为高校学生事务管理工作的唯一一个方面，还应当包括课外实践、大学生就业、校园文化建设、社会公益活动、助学基金等多方面行政工作。其实，思想政治与行政工作在工作性质上有着本质上的区别：思想政治主要强调的是思想、道德、观念等认知；行政工作则主要强调服务和管理。学生事务管理工作强调思想政治的重要性，但过分强调思想政治的重要性会使学生的个性和诉求被忽略；同时，若过度强调行政工作服务的重要性，也会使其教育功能削减。

无论是基于哪一方面，学生事务管理都应当首先从思想政治教育工作中脱离出来。在这一点上，我们可以参照美国的管理经验。在美国的高校中，学生事务管理设立有单独的管理部门，不为其他部门所干预，并在学校管理层中设立专门的学生事务管理员，充分显示了学校及管理层对学生事务管理的关心和重视；同时，负责学生事务管理的工作人员在选拔制度上有着明确的规定和标准；另外，还对学生事务管理设立专门的培养体系，使其朝着职业化的方向发展。鉴于此种经验，我国高校的学生事务管理也应当借鉴其优秀方法，构建更适合我国高校学生事务管理的运行机制。

（二）扁平化管理体制改革

随着社会经济文化的不断发展，我国的高校学生管理运行机制也在不断地健全和完善，逐步形成了党委领导下的党政共管的运行体制。在这种体制下，要实现高校学生事务管理的专业化，就需要将学生事务管理工作划分为两部分：学生思政教育中心和学生事务综合服务中心。

学生思政教育中心在承袭原有的思政教育管理模式下，可以另外开设相关的教研室、学生党团工作室、课外指导工作室，仍然以注重提升大学生思想品德、意志品格、心理健康等方面的教育为主。学生党团工作室，即在学生群体中大力发扬党员、团员精神，发展更多的学生加入这一优秀的队伍中，培养骨干学生干部。课外指导工作室，即在课堂之外，可以有针对性、有目的地组织学生开展各种与思想政治有关的课外活动。

学生事务综合服务中心则需要保持相对的独立和自主，从思想政治中跳脱出来，实现自我治理，并在中心内设立相关的办公室，细致划分每个办公室的工作职责，明确办理学籍、宿舍楼、助学、就业等项目的业务流程、时间、地点等相关信息。

将学生事务管理工作做到这样细致地划分后，还可以使辅导员从学生事务管理中脱离出来，专心开展思想政治工作。同时，将学生事务管理工作进行明确的区域划分，还能使学生的思想政治学习更为专注，与学生事务管理工作协调发展。

学生事务综合服务中心，借鉴美国高校的发展模式，是一种"一站式"的服务中心，能够更加便捷地办理学生相关的事务，无论对于学校还是对于学生来说，都极大地提高了办事效率，节省了时间成本。从学生的需求方面来看，学生事务综合服务中心内的各个管理部门在职权、职责方面需要重新划分，其工作项目和服务流程等也需要重新规划。例如，学生事务综合服务中心窗口工作人员的设置，就可以实行教师轮流制，让全校教师共同参与到学生事务管理工作中。这样既能彰显学校对学生事务工作的关心和重视，也能方便教师在与学生的接触过程中，便捷地了解到学生的真实学习和生活情况，包括他们的思想和心理等。除实行教师轮流制外，高校还可以尝试采取教师与学生相结合进行管理的形式，为一些有意留校发展或勤工俭学的学生提供一个展示个人才华的平台。另外，还可以采用全部由学生驻派的形式，即窗口工作人员全部由学生来担任。

学生事务综合服务中心的建立过程具有一定的变动性，这主要是指部门职权和部门职能的变动。其中，部门职能的转变主要是指其工作流程和结构均以学生需求为主而进行变动。因此，学生事务综合服务中心的建立需要不断完善，如场地设置、业务办理、线上线下服务等，都需要逐步计划实施。因此，在新的构建理念中，高校学生事务管理的模式也会发生新的转变。

三、加强信息化建设管理

当今是互联网信息时代，互联网在各个领域的发展和深入推动了社会总体的发展，成为当今社会重要的变革力量，这对于新时代高校学生事务管理的提升来说是一条新的路径。因此，在当前互联网高度发展的社会环境中，高校学生事务管理对网络信息化的建设应当提出新的要求。与此同时，要尽快加强高校对网络信息技术的应用，并培养出专业的人才，致力于高校学生事务管理事业。

（一）强化信息网络管理意识

要强化信息网络管理意识就要做到以下三点：首先，要加强高校教师和学生对网络信息的认识，即意识到当今互联网对高校学生事务管理的重要性和意义，并以资源利用、技术创新、管理变革为出口，提升高校学生事务管理的水平，用网络信息技术创新教育。其次，要改变教师与学生对信息网络管理的意识，将传统的管理形式进行转变，使工作切实落到每个步骤和环节，利用网络信息的数据化，使高校学生事务管理更加具体、科学化，并在网络上形成一个互动兼共享的平台。最后，要增强网络信息技术的实用性，即利用网络技术使高校学生事务管理更加专业、标准、系统，而不是简单地在原有的基础上进行复制和移植。

（二）充实信息网络管理队伍

充实信息网络管理队伍，即加强人才队伍的建设。当今社会人才竞争激烈，优质的人才是各个领域的需求，也是推动行业发展的关键所在。在高校学生事务管理的信息网络建设中，对人才的储备也是相当重要的。

首先，拓展人才引进渠道，大力引进人才，壮大队伍；其次，对已有的信息网络管理队伍进行专业培训和业务提升，使其能够适应不断发展变化的社会环境，以及新时代大学生的需求，加强队伍的使命感与主人翁意识；最后，加强队伍的专业化和职业化建设，组织从业人员参加各类业务进修或培训，使其获得相关职业资质，提升其专业能力和职业水平。这样，人才队伍才能得到培养与提高，高校学生事务管理信息网络平台的有效运行才能得到保证。

（三）加强信息平台统筹建设

针对高校现阶段基础设施不健全、信息技术落后、环境设备不完善等情况，高校学生事务管理信息平台在建设过程中应当进行统筹，即在投入建设中，对"人力、财力、物资的使用"都要有一定的限制，不能过度耗费，在整体上进行一定的统筹计划，开源节流，使投入与产出成正比，克服各种困难。

在顶层设计方面，高校要做好全局统筹，整合各类信息资源，缩减无用的数据接入，不让某一个信息系统或端口成为"孤岛"，使数据信息更集中，让教师和学生在使用时更为便捷，尤其是在实现学生事务综合服务中心一站式运行时，对信息和数据的统筹显得更为重要。

（四）提高信息服务推荐功能

提高信息服务的推荐功能可以使高校学生事务管理信息平台更有针对性地实现学生需求，为学生提供更好的服务。

具体来说，推荐功能依托的是后台的信息分析技术。信息分析技术可以根据平台提供的现有信息，向用户提供更多与之相关的信息匹配，且匹配的信息精准、有效，并能根据用户所给出的反馈信息，对推荐的信息做出二次修正和完善，使推荐的信息更能使用户满意。概括来说，它最大的优点就是具有高度的针对性，能够因人而异、因地制宜，能够为用户提供个性化的需求和服务，甚至能够主动地通过用户在平台输入的各种信息，对用户的关注点和兴趣进行预测。推荐功能的这种主动性、灵活性、准确性，在一定程度上也在不断推动从业人员的服务意识和工作效率的提升，使从业人员能够主动地思考和解决问题，提高服务质量和效率。

四、加强规章制度建设

这里所说的规章制度建设，是指在法律方面对高校学生事务管理中的各利益相关者的利益范围和环节进行法律约束，使利益相关者的权利不被滥用和无为。这样才能使得多元化的参与格局在实际工作中更具操作性和保障性，尤其是对于作为被管理者的学生群体来说，加强法律制度的建设，是对其自主权利的一种保护和尊重。

此外，在高校学生事务管理中的合作机构、媒体、家长等校外利益相关者，也需要明确的规章制度才能保证其在原有的通道和边界中有效发挥作用。尤其是在构建学生事务综合服务中心时，更需要明确的规章制度来对参与者的利益关系做出界定和梳理。在信息化建设管理方面，同样也需要制定明确的规章制度在信息安全方面做出规定。当然，在规章制度的具体建设过程中，要充分体现其法律精神，保证其法律效力，同时不忽略各个环节和责任人的权益与矛盾，确保规章制度的有效性和可行性，使规章制度不是形同虚设。

（一）以学生利益为核心，规范"立法"

从本质上来讲，高校学生事务管理本身就是以服务学生为中心的。因此，对其加强规章制度的建设也应当是以学生的利益为核心进行一系列的法治规范建设，由此才能不失为规范的"立法"。

从"法"的角度来看，任何个人或组织机构的行为和权力，只要在法律所允许的范围内行使都是被允许的。从学校角度来看，学生只要是在与学校的教育契约范围内，都能行使其对课程、教师、教育方式等相关方面的选择权。从利益相关者的角度来看，通过规章制度的建设，将各自的利益范围进行定性与约束，可以有效地避免后期矛盾和纷争的发生。

从现阶段各高校学生事务管理所实行的相关规章制度来看，基本上都存在"上位法冲突"的现象，导致设立的规章制度无法有效实行，其中针对学生事务管理工作的相关制度也仅仅是出于便捷的角度而设立的，没有考虑到学生真正的诉求，也没有有效发挥规章制度的合法性，由此导致学校对学生处罚不当的纠纷案件时有发生。如何使"立法"更为规范呢？还需要从以下几个方面入手：

1. 秉承"以人为本"的发展理念

"以人为本"是中国特色社会主义科学发展观的核心内容，是全心全意为人民服务的宗旨。在新时代高校学生事务管理中，所谓"以人为本"，即以学生为本，这是对中国特色社会主义科学发展观的一种响应，也是开展学生事务管理工作的本质，更是对学生充分尊重的一种体现。

在中国传统的教育理念中，教育向来只与"德"紧密相关，但随着国家对法治的重视，我国各个行业领域也开始逐步深入对"法"进行研究。尤其是在教育领域中，高校与学生之间的关系已不只是传统的管理者和被管理者的关系，也是一种法律关系的存在。因此，在加强高校学生事务管理规章制度建设的过程中，必须考虑到高校与学生之间存在的法律关系，时刻以学生的合法权益为核心，做到充分尊重学生、服务学生，使学生的主体地位有所体现，使学生真正的需求有所表达。学校在行使学生事务管理权的过程中，不能只从"处罚""处置"等简单粗暴的角度去解决与学生相关的问题，而应当人性化地尊重学生的权利，站在学生的角度看待学生的问题，用行之有效的方法解决，不侵犯学生权益。因此，在加强规章制度建设时，应当充分重视学生利益，时刻秉持以人为本的理念。

2. 坚持优化细节

为了促进规章制度的进一步完善，使学生事务管理工作的法治水平得到有效提高，需要在制定过程中对一些细节内容进行优化。

首先，将高校学生事务管理"立法"内容抽象的地方清晰化，如将内容细致化，设计内容分支，使学生事务管理"立法"更细致、更具体、更可行，从而避免"立法"内容模棱两可，学校行使权利时无边界的情况出现；此外，要杜绝"立法"内容中出现空白现象，即没有对学生事务管理中可能出现的问题和矛盾做出全面的内容制定。因此，本着"立法"公开、公平、公正的原则，要提升新时代高校学生事务管理的有效性，就要对这一过程中的各个内容做到清晰化、明确化，且扩大内容的涉及面，不忽略任何细枝末节。此外，随着社会的不断变化和发展，学校的许多规章制度不能一成不变，还需要根据社会和教育的需求，以及学生的不同诉求来灵活做出相应的调整，使"立法"能够在高校学生事务管理中与时俱进。

3. 坚持"合法合规"

在高校学生事务管理规章制度制定完成之后，还要对其内容进行最后一遍筛查和审核，保证其内容不与上级或下级的相关规章要求产生冲突，对可能出现冲突的内容进行及时修改或调整，加强规章制度建设的科学性、合理性、严谨性、可行性。同时，要保证规章制度的协调性和一致性，即上位法与下位法内容不冲突，能够达成上行下达的效果，"合法"且"合规"。

（二）以程序正义为途径，规范"执法"

规章制度虽然确立了学生事务管理的行使权，且需要严格执行，但在执行过程中，其执行举措不仅需要真正的"合法"，还要本着公平、公正的原则，用科学合理的方式处理。例如，当学生出现违纪行为时，在规章制度允许的范围内，学校是可以做出相应惩戒的，但其惩戒也必须与学生的违纪行为相当，不能过而为之；当然，也并不代表可以对其放之任之。此外，当规章制度还没有被确立时，学校对自身的权力应当做到有效裁量，充分体现立法的本意和原则，而不只是为了处罚和惩戒。总而言之，高校既要保护和尊重学生的合法权益，又不能因为学生的特殊而阻碍规章制度的实施与实行。

（三）以权利救济为手段，保障权益

权利可以约束和制约，同样也可以是救济。对于学生来说，当自身权益受到侵害时，法律的救济是保障自身权益最有效的途径。从现有的法律法规来看，学生的权益在受到侵害时，可以通过以下三种渠道获得法律救济。

（1）申诉。当学生认为校方对自己的处理不合理、不正确、不能为自己所接受的情况下，学生有权向国家相关机构申诉理由，并请求重新处理。这是学生维护自身权益的一种方式。但是，对于当下很多高校来说，其申诉机构形如空壳，并没有起到真正的作用。

（2）复议。教育行政管理部门根据学生提出的申请或要求，对已经做出的裁判或决定重新作出审查或判决。但由于教育行政管理部门对部分高校并不能起到真正的干涉作用，导致有些问题最终被压制。

（3）行政诉讼。当以上两种途径都无法使自身合法权益得到救济时，学生可以通过司法审判的途径来处理。但司法审判时间长、成本高，这条途径对于学生来说显得尤为持久而困难。

第五章 | "互联网+"时代下的高校学生心理管理创新

第一节 高校学生的心理健康危机分析

一、高校学生心理危机的概念

（一）危机的概念

"危机"一词在许多领域中被广泛使用，如"经济危机""政治危机""生态危机""信任危机"等。那到底什么是危机？根据美国《韦氏大辞典》所述，"危机"被定义为决定性或至关重要的时间、阶段或事件。在《世界英语词典》中，"危机"是指有关未来的非常重要的事情发生或被决定的时刻，事情还处于非常不确定、艰难和痛苦的情境或阶段，此时必须要采取行动以避免灾难完全崩溃。在《汉语大辞典》中，"危机"一词有两层含义：一是危险的祸胎，是并未明确显现的、潜在的危险，这种危险是可能引起祸事的根源；二是严重困难的关头，是起决定作用的严重困难时机或转折点。

（二）心理危机的概念

20世纪40年代，危机的概念开始被引入心理学领域。林德曼对美国波士顿火灾难民及死亡者家属进行研究和干预，提出了危机介入模式。随后，心理危机理论开始蓬勃发展，越来越多的研究者对"心理危机"这一概念提出了自己的观点。20世纪50年代，现代危机干预之父、美国心理学家凯普兰提出，心理危机是当一个人面对困难情境时，他先前处理问题的方式及其惯常的支持系统不足以应对眼前的困境。也就是说，他必须面对的困境超过了他的能力时，这个人就会产生暂时的心理痛苦，而这种暂时性的心理失衡状态就是心理危机。

心理危机的产生不仅仅是因为危机事件的出现，还取决于当事人对危机事件的主观评估以及处理危机事件的能力。美国心理学家卡内将心理危机分为三个基本组成部分：

第一，危机事件（即应激源）的出现；

第二，当事人因为觉察到危机事件而产生的痛苦的主观感受；

第三，当事人惯常的应对方式失败，导致当事人在心理、情感和行为等方面的功能水平较危机事件发生前降低。

基于此，本书认为高校学生的心理危机可概述为：高校学生在遭遇某些危机事件后，由于有效资源不足或以往的处理方法不足以应对当前的危机事件，由此产生的情绪、认知及行为功能紊乱的不平衡状态。从广义上讲，即由心理相关因素或心理疾病引发的各类危机情况。

值得注意的是，大部分的危机理论都认为，危机是每个人的生命中都会遇到的。相应地，心理危机也是大多数人都有可能出现的心理现象。这是人在不正常环境下所作出的正常反应，只有极少数人会出现病理性的或者精神疾病的反应。因此，从理论上来说，心理危机并不等同于精神疾病，但这并不意味着心理危机与精神疾病毫无关联。在实际生活中，有精神疾病和精神疾病史的人，往往比其他人更容易陷入心理危机；不能成功度过心理危机的人，也可能走向精神疾病。

二、高校学生心理危机的类型

对高校学生心理危机进行分类，有助于科学认识高校学生心理危机，并对其进行有效干预。根据不同的分类标准，高校学生心理危机可以分为不同的类型。例如，按照学生学业水平，可以分为不同年级的心理危机：大一学生心理危机、大二学生心理危机、大三学生心理危机、毕业生心理危机和研究生心理危机等。王霞等（2014）的研究发现，大一学生心理危机主要集中在人际交往领域，大二学生心理危机主要体现为学习心理危机，大三学生心理危机主要是前途心理危机，而毕业生由于面临就业问题，其心理危机主要表现为就业心理危机，研究生心理危机则延续了前期的学习心理危机。按照学生性别特征，可以分为男大学生心理危机和女大学生心理危机。程桢等（2006）认为，心理危机的性别差异与个体的自我意识有关，也与社会对不同性别角色的要求有关，女性往往过度在意外界对自身的看法和评价，缺乏主见，容易被外部环境影响；而男性则面临更大的生存压力和社会竞争压力。所以，女性的心理危机往往来势汹汹，但缓解后不容易留后遗症，而男性情绪难以外泄，心理危机容易转化为更深层次的内部冲突，症状隐蔽且持续时间长。按照学生来源情况，可以分为城镇学生心理危机和农村学生心理危机。殷琳（2018）研究发现，进入大学后，农村学生不仅面临着与城市学生相同的人际压力和学业压力，还额外承担了环境和生活方式转变的巨大压力，同时，他们原本能带来成就感和自信心的学习成绩不仅不能占据绝对优势，甚至感到吃力。因此，背负更多期待和压力的农村学生在心理健康得分上普遍处于较低水平，焦虑、抑郁、自卑、社交退缩、精神病倾向等得分都显著高于城镇学生。按照学生经济情况，可以分为贫困生心理危机与非贫困生心理危机等。周莹（2018）研究发现，贫困生进入校园后，由于环境的改变、有效社会支持系统的缺乏和自身人格特点，心理问题日益凸显。常见的有自卑、人际关系紧张、抗挫折能力偏低和心理失衡。本书根据心理学家布拉默对危机所做的分类，将心理危机划分为发展性心理危机、境遇性心理危机和存在性心理危机。

（一）发展性心理危机

发展性心理危机，又称为内源性心理危机、内部心理危机、常规性心理危机，可界定为"一个内在形成的心理危机情境"，主要是指学生在正常成长和发展过程中的急剧变化或转变所导致的心理和行为反应的失衡。例如，自我认同危机、性别认同危机等。心理学家埃里克森认为，人一生的每个发展阶段都会出现一个特定的有待解决的发展危机，这个发展危机是个体生命的转折点，是发展上前进或后退的关键点。当一个人从某一发展阶段转入下一个发展阶段时，如果其原有的行为和能力不足以承担新的角色，解决新的问题，发展阶段的转变常常会使其处于行为和情绪的混乱无序状态。高校学生大多处于青少年晚期向成年早期的过渡阶段，可能面临着自我认同、亲密—孤独的危机。

发展性危机被认为是常规发生的、可预见的，在生命发展的各个时期都可能存在。如果个体有足够的时间和机会对发展性转变作出适应性的调整，那么获得有关信息、学习新技能、承担新角色，就能减少危机对个体心理上的冲击和损害。但是，如果个体缺乏处理危机的经验、抗挫折能力差、缺乏自信、不会与人相处等，发展性危机对他的冲击就会很严重。

对于高校学生而言，最为常见的发展性危机是自我认同危机，这是关于"我是谁"的人生课题。很多学生进入大学后，发现学习不再是生活的唯一，成绩不再是考核的唯一标准，原本的自我认识被颠覆，需要重新建立一个更符合社会要求的、稳定的、内在的、客观的且具有弹性的自我概念，此时，他们可能会感到迷茫、焦虑和不知所措，这就是发展性心理危机。另外，人生的重大转折也可能引发心理危机，如毕业生的毕业论文焦虑和求职焦虑。无论是自我认同危机，还是求职焦虑，都是可以预见的，是人生到了某一个阶段，个体必须经历的心理发展历程。同时，在发展性心理危机期间容易发生一些消极现象，如厌学、人际关系紧张、回避行为等，面对这些人生的必然挑战，如果能够处理得当，将有助于其顺利步入人生发展的下一个阶段，极大地促进其心理发展，使他们变得更为独立和成熟。

（二）境遇性心理危机

境遇性心理危机，也称外源性心理危机、环境性心理危机、适应性心理危机，可界定为"一个外部事件引发的危机情境"，是指突如其来的、无法预料的和难以控制的危机事件发生在当事人身上，而当事人无法预测和控制时出现的心理危机。例如，震后心理危机、疫情引发的心理危机等。

境遇性危机具有随机性、突然性、意外性、震撼性、强烈性和灾难性，超出个体通常的应对能力，往往会对个体或群体的心理造成巨大影响。因此，境遇性心理危机可能是由单一的、特定的事件引发的，也可能是由一系列连续性事件引发的。根据凯普兰的观点，境遇性心理危机总是伴随着丧失或存在丧失的可能性。

根据产生危机的原因，凯普兰将境遇性心理危机分为以下三类。

第一类，丧失了一个及一个以上的能够满足个体自身基本需要的资源。这种丧失既包括具体形式的丧失和抽象形式的丧失。具体形式的丧失包括重要的人的离开、重要关系的破裂、影响躯体完整性的重大疾病或变故、财产损失、降职或撤职乃至失业等；抽象形式的丧失包括失去重要的身份特征或角色、被群体抛弃、失去了别人的爱、丢面子等。这一类丧失最典型的情绪反应为悲伤感和失落感。

第二类，丧失还未发生，但存在丧失满足基本需要资源的可能性。具体可能丧失的内容与第一类类似，区别在于，这类危机发生于丧失真正发生之前，而当事人提前预料到了。例如，得知自己将要被辞退、亲人得了不治之症等。遭遇这一类心理危机的当事人除了体验到悲伤感和失落感，也会出现恐惧感、焦虑感等。

第三类，原有生活情境或工作情境发生了变化，对个体的能力和反应水平提出了更高的要求和挑战。最为常见的情况是由于当事人的地位、身份角色发生改变，对当事人的要求超过了其原来的能力水平。例如，中学生考入大学后的适应危机、个体毫无准备地升职所带来的心理危机等。在这类情境下，当事人往往体验到强烈的焦虑感、挫折感和失控感。

对于高校学生而言，具体形式的丧失包括亲人去世、失恋、严重的身体疾病、重要科目的挂科、由学生向社会人的身份转变等。

无论是哪一种境遇性心理危机，都有以下共同特点：当事人都有异乎寻常的内心情绪体验，并伴随着行为和生活习惯的改变，但没有明确的精神病性症状，不构成精神疾病；有确切的危机事件作为诱因；面对新的难题和困境，当事人过去的应对方式无效；持续时间可能是几天至几个月。

（三）存在性心理危机

存在性心理危机依附于存在主义哲学的世界观。伴随着年龄的增长和知识经验的丰富，人们开始思考一些人生的根本问题，如人生的目的、责任、独立性、自由和承诺等，随之出现的心理内部冲突和焦虑被称为存在性心理危机。这种焦虑和冲突可以是基于现实的，也可以是基于对过去的后悔，还可以是一种压倒性的、持续的空虚感和对意义的怀疑。

石中英（2003）曾提出，人的存在具有六大特性。

第一，绝对性。人的存在具有绝对性，也就是说，存在是一切价值的基础。正是因为存在的绝对价值，每个人在正常状态下都有维护自己存在的本能。毕竟，无论是作为个体，还是作为总体，人首先要存在，才能思考存在，才能就如何存在运筹帷幄。

第二，意向性。人的存在不同于动物，除了机体存在的"活着"外，人的存在还受到意识的影响，这种意识包括人对自身的感受、对他人及历史的理解。失去了存在的意向性，也就失去了生命的连续性，是"精神的屠杀"。

第三，文化性。人的内心和行为表现是文化潜移默化的产物，尊重人的存在，就是尊重人背后的文化。从这个意义上看，人是作为文化的存在而存在的。不了解人背后的文化，就不会了解人的存在本身。

第四，时间性。生命的长度是有限的，所以人的存在是一种有限的存在，具有时间性。人在本质上都在进行积极的自我筹划，不断造就和呈现自己，因此，决定论和宿命论必须被反对。

第五，语言性。语言在最大程度上表现了意象、意识和文化，因此，人的存在还是一种语言的存在。没有语言，我们无法与自我对话，也无法与他人沟通。人最简单的感觉表达都是由语言参与完成的。

第六，独特性。每个人的存在都是独特的，这种独特不单单是机体特征的独特，也包括心理和行为反应的独特。人存在的独特性给其所存在的世界都涂上了个性的色彩，这种独特性不可让渡也不可剥夺。

由于人的存在所具有的这六个特点，决定了人的一生中必须面对以下五个存在问题：死亡问题、奴役及自由问题、有限的问题、孤独的问题和自我认同的问题，这些问题有别于"生存问题"，而现阶段的高等教育大多着眼于生存教育，看不到人作为人的"生产问题"及其对个体和社会所构成的威胁。随着我国的经济发展和社会的进步，当代的高校学生拥有了比以往任何时代的学生都更丰富的物质条件，越来越多的学生开始思考存在问题，怀疑存在的必要性，这种怀疑使他们的生活充满了无聊、空虚、寂寞和无意义感。例如，在高中阶段，老师总是以"考大学"作为人生目标来激励学生，而学生成功跨过高考步入大学后，原有的生活目标已完成，新的目标却迟迟没能确立，就容易陷入对高校生活和人生意义的怀疑。

三、高校学生心理危机的特征

(一)心理危机的特征

在个体的成长过程中，危机事件的不可避免性决定了心理危机的不可避免性。危机可能出现在人生发展的每个阶段。一般来说，心理危机具有以下特征：

第一，突发性和紧急性。危机事件的发生常常是出人意料的、突如其来的，心理危机伴随着危机事件发生，也具有突发性和不可控制性，需要人们去紧急应对。2020年，新冠疫情突然暴发，人们正常的生活秩序被打乱，新闻报道的感染人数不断增加，防疫物资获取困难等，使一部分群众产生了心理危机。

第二，痛苦性和无助性。正如前文所提到的那样，无论危机的具体表现是什么，都意味着人们的生活发生了巨大的变动，要面临着失去的风险或者已经失去的事实。因此，一方面，危机带来的体验都是痛苦的，甚至可能涉及人尊严的丧失；另一方面，危机使得人们现在的生活和未来的计划受到威胁和破坏，而现有的资源有限并且原来的应对方式无法应对，常常使当事人感到自身的无能为力和弱小，感到无助和绝望。

第三，危险性和破坏性。不平衡的心理危机状态不会一直持续下去，由于处理危机的方法不同，心理危机发展的结局也不相同。最极端的情况是，当事人禁不住强大的心理压力，对现状和未来感到失望甚至绝望，于是企图以结束生命的方式来寻求解脱，或者以伤害他人的方式来寻求心理的平衡。不管是哪种方式，都是极其具有破坏性和危险性的。

(二)高校学生心理危机的特征

由于高校社会结构具有其特殊性，所以高校学生心理危机除了具有心理危机的特点之外，还具有其独有的特征。

第一，易察性。高校学生平时生活在大学校园中，受到学校各类规章制度的管理和约束，实行统一的住宿和学习，生活相对有序和单一。他们大部分时间都在教室、宿舍、食堂和运动场等场所，可以经常接触到老师、同学和舍友，落单的情况较少，如有异常表现，较容易被周围人发现，因此，高校学生心理危机具有易察性。

第二，潜在性。高校学生心理危机常常并非以直接爆发的方式体现，而是潜藏于个体内心。在平时的生活与学习中，并没有明确的表现，但遭遇特定应激事件时，迅速暴发其危害性。例如，马某某杀人事件，导火索是带饭、打牌这样的小事，导致了他心理危机的爆发。在出现心理问题到心理危机的最终爆发之间的潜伏期，如果其心理问题能被其他人早发现、早干预，将之消除在萌芽状态，就能避免悲剧的发生。

第三，传染性。发生在学校里的危机事件更容易造成混乱，从而影响整个学校的安全与稳定。学校生活的集群性以及学生群体的同质性使得校园极端事件一旦发生，极易成为其他处在困境中的学生的模仿对象，使得危机事件再次发生。

第二节　我国高校学生的心理素质缺陷

一、自主生活能力不足

许多高中毕业生在刚刚进入高校校园的时候会表现出极端的不适应。这种不适应指的不是学生本身会感受到不安或者其他负面情绪，事实上绝大多数学生在初入高校生活的时候都会显得很兴奋，此处的不适应说的是学生一时之间没有意识到高校生活和之前的学习生活之间的本质区别，依然在用之前的学习态度和生活方式在高校环境中生活。尤其是其中很多没有脱离过父母单独在外生活的学生，他们会面对一段或短或长的茫然时期，无论在心理状态上还是在生活状态上都处在一种类似于"断乳期"，没有办法将固有的心态和思维模式向新的形式转换，因此对新环境的融入能力就比较差。除了高校生活和之前学习生活的高度不同之外，社会环境的快速变革和高校学生毕业后就业困难也同样是给学生带来不适应感的重要原因，只不过这种不适应出现的时期不是学生初入校园时而是在他们临近毕业开始不得不直面社会的时候。从近年一些学生因学业压力或者就业压力过大而自残甚至自戕的案例中就可以看出，当今学生面对的压力很大且学生的普遍心理素质不是很高，因此在面对越来越强的学业压力、就业压力以及社会竞争压力的时候，某些承受不住的学生就选择了以自我伤害逃避压力的办法。即使学生的承受能力比上述的要强一些，但是如果教师对这样的心理问题不闻不问的话，也会导致学生的心理状态得不到改善，最终形成影响到学习生活的心理障碍，从而使得学生独立面对生活的能力愈发低下，最后丧失自主生活的勇气，这同样属于教师失职的表现之一，也是如今我国高校学生存在的心理问题之一。

二、目标不够明确、学习兴趣不强

虽然在外人看来，高校教学比小学、初中和高中要有趣得多，课堂中充满了探究性学习和自主性学习的色彩，但就像老话所说的"当局者迷，旁观者清"，这只是我们在置身事外的时候自然产生的想法，虽然不能说就是错的，但终究没有做到设身处地，加之很多人也许已经毕业了很多年，所以很难理解学生骤然从高中的教师主导课堂转入高校课堂这种"自由自在"的学习模式中有多么不适应。虽然从长远来看，这种教学方式对培养学生的核心素质和学习能力有很大帮助，但是在学生的自主学习能力没有完全成形的时候，从短时间的学习效果来看却不如前者的效率高，因此在思维还没来得及完全转换过来的学生的心里很容易形成"自主学习方式不如灌输式学习方式"的想法，从而导致学生在接下来的学习生活中无所适从，感到似乎怎么做都不对。

在不同学习模式衔接的过程中没有完成心态转变的学生如果长时间无法适应自主学习，可能会存在这些严重程度不一的表现：第一，学习目标不明确。学生不会自主制订学习目标，且高校教学中不会给出明确目标，所以学生在学习生活中虽然想要努力但找不到正确的方向和清晰的道路。第二，在不断地寻找正确道路的过程中对学习的兴趣和信心都受到了严重的打击，即使坚持学习也是习惯使然，完全丧失了主观能动性。第三，在学习过程中找不到正确的方法和思路。导致学习方法并不适合自己，由于不恰当的学习方法导致学习成绩严重下滑，而不断下滑的成绩似乎在传达一种"这些是没有用的"的信息，使得学生内心深处的不安和紧张情绪日益增加，最终形成越学越差、越差越不想学的恶性循环。第四，学生在这种学习成绩不理想、心情长期在低谷徘徊的状态下，心态难免产生问题，如果没有其他人来开导这样的不良心态，必然会导致学生的心理出现问题，不但在高校中没有做到学业进步和学习能力的提升，而且日后的正常生活也会受到心理问题的影响。

三、不能准确地自我评价

一个人在环境中受到的压力很大程度上来源于对自己的认知不够清晰，如果一个人对自己没有一个准确的评价，势必会导致对自己在大环境下的定位不准确，从而导致自己受到很多不必要的压力。高校学生对自身评价不准确一般分为两种情况：一种是对自己的评价过高，另一种是对自己的评价过低。

（1）如果高校学生对自身的评价高于自身的实际水平，这样的人在学习生活中一般会表现得自负且傲慢，坚定不移地认为自己的能力和才华在所处的环境中绝无仅有，因此无论在什么事情上都觉得自己是对的，在看待任何冲突的时候都会认为错误不在自己，在和别人一起完成工作的时候会认为功劳都是自己的，在和别人相处的时候会将自己当作绝对的中心，仿佛别人的存在只是对自己的点缀……类似的心态就不一一说明了。总之，这样的人很难和周围的人好好相处，而其中有一部分人确实很强，因此对自身的评价只能说言过其实，但还有一部分人是由于养尊处优，一直在以其为中心的环境中成长，所以产生了这种理所当然的错误想法，这种人在做事情的时候往往眼高手低，总是制定一些一眼看去就不切实际的目标，最终受限于自身能力而无法完成，还将责任推给别人，认为错不在自身，这样的人在相处中是最令人厌恶的。

（2）如果高校学生对自身的评价低于自身的实际水平，往往会呈现出强烈的自卑或者自闭状态，他们感到自卑的原因可能是多种多样的，其中半数是来源于家庭条件的对比，如果他们认为自己的家庭条件和身边的同学差距很大，就会不由自主地产生自卑心理；还有一些人会因为自己的样貌不如别人、在同学中的人缘不如别人、觉得教师对自己的态度不如别人而承受巨大的心理压力，在不断的自我审视中怀疑自己方方面面都比不过别人，这种压力大多数出现在女生群体中。这样的学生在遭遇困难的时候信心完全崩溃的原因和极度自信者不同，他们由于平时已经承受了很大的心理压力，就像弓弦始终处于绷紧的状态而且还在不断收紧，在外力到来的时候他们的心弦终于像承受不住压力的弓弦一样绷断了，而不是极度自信的学生那种将自己的内心保护得非常好，最终由于承受不住一点磕碰而崩溃。

四、毕业生压力骤增

从功利一点的角度来讲，虽然学生在高校中的学习是为了提升自己的技能、培养核心素养，但除了为了接受更好的教育外，也是为了在毕业的时候拿到一张更加耀眼的毕业证书，所以毕业生在参加毕业答辩确定能不能拿到毕业证书时的紧张心态也是可以理解的。何况毕业生面对的压力还远远不止这一个，另外三个巨大的挑战同样会对他们造成巨大的心理压力，让毕业生们感到无所适从：第一，有人说没有谈过恋爱的大学生活是不完整的，很显然现代的高校学生是很认同这个观点的，为了让自己的高校学生生涯尽可能完整一点，他们在课业之余将恋爱作为重要的事业之一，在即将毕业的时候很多小情侣之间的感情都会出现问题，除了对未来这段感情何去何从的担忧之外，也有双方都因压力过大而感到焦虑的原因在其中，而这种感情上的问题又会加剧毕业生的心理压力；第二，毕业生会在毕业选择方面遇到一定的困难，是否要考研应该是很多毕业生都经历过的令人揪心的艰难选择，在这种选择面前很多人都会忍不住压力丛生；第三，当今我国的高校教育已经非常普及，"大学毕业"基本已经成为就业的基本要求，条件好一点的用人单位就会对应聘者的毕业院校非常挑剔，显然很多毕业生在了解到就业的艰辛后忍不住留恋起校园生活，面对未来感到茫然，心头压力大增。所以，一直有人说就业、考研、爱情全都是毕业生心头的"伤口"。

面对巨大的就业压力，每个大学毕业生都感受到了形势的严峻。调查表明，15％的高校毕业生不能以健康的心态面对毕业和就业。很多人虽然平日里看起来侃侃而谈似乎对一切都胸有成竹，但是在面对实际压力的时候即使表面依旧如常，但内心的压力之大难以言说，面对未知的未来充满了对前途的担忧，由此便引发了对择业的紧张、焦虑、恐惧、抑郁、愤恨等情绪，其他两方面的压力也大体相仿。

另外，还有一些其他方面的心理问题甚至心理障碍，如人生目标缺失、上网成瘾、手机依赖症、抑郁症、焦虑症甚至精神类疾病等。若想有效解决高校学生这些心理上的困扰，提高高校学生心理素质，高校就应该有针对性地开展心理健康教育工作，构建心理健康教育的长效工作机制。

第三节　我国高校学生的网络心理研究

一、我国高校学生的不良网络心理分析

根据中国互联网络信息中心（CNNIC）发布的第 52 次《中国互联网络发展状况统计报告》显示，截至 2023 年 6 月，我国网民规模为 10.79 亿人，较 2022 年 12 月新增网民 1 109 万人，互联网普及率达 76.4％，可见网络已经得到广泛普及。网络为人类带来了诸多方便，同时也对人的心理健康造成了一定的冲击。网络及其所构筑的虚拟环境具有很多与现实世界不同的特点，也给当代网络心理教育带来了很大的挑战。因此，清楚地分析网络心理教育过程中面临的挑战，有利于将网络心理教育工作推上一个新的台阶。目前的网络心理教育面临着如下问题。

第一，价值观念混乱。传统社会中，价值观念是依靠社会舆论和人的内心信念来维持的。传统社会由于交往面比较狭窄，在一定意义上是一个"熟人社会"。依靠熟人的监督，摄于价值观他律手段的力量，传统价值观可以得到较好的维护。在这一熟人社会里，人们的价值观较为清晰，行为也相对严谨。然而，一旦进入谁也不知道交往对象是谁的网络领域，有熟人监督的防线便很容易崩溃，以致社会舆论、传统习惯的监督和评价作用降低。目前，网络管理还需要更加完善，再加上大学生对网络的特点、作用没有充分了解，传统价值观面临着巨大的挑战。

网络催生了人与人之间新的交流方式，人们用网络交流工具代替了人与人之间的面对面的交流，就算是一个寝室的大学生有时也不会面对面说话。这样的沟通方式虽然便捷，但是让很多大学生的心理在虚拟环境中日益封闭，人与人面对面沟通的能力退化。他们在与人交往时，会出现恐惧、自卑、害羞、封闭心理，宁愿缩在自己的个人世界里，慢慢变成社交缺失的人。随着信息技术

的发展，一些学生由于长期沉迷于网络所形成的虚拟世界，正逐渐脱离现实世界，脱离社会人群，与集体交往的次数日益减少，逐步远离集体，其基本社交技能也可能退化。

第二，网络冲击。网络最基本的功能是通信功能，还有一个重要的功能是资源共享。网络以强大的资源保障为人们构筑了一个不同于现实且充满了诱惑的虚拟社区。在这个虚拟社区里，人们可以通过交友聊天、买卖等来满足自己的好奇心。这些特有的功能深深地吸引着广大大学生。同时，也有相当一部分大学生沉迷于网络游戏而不能自拔。还有很多大学生在回到现实生活之后，因忍受不了现实世界和虚拟世界的巨大落差而产生了各种各样的问题。

第三，网络成瘾。网络成瘾主要是指人对网络过度依赖而导致的一种心理异常症状，以及伴随的一种生理性不适。在中国网民中，大学生正成为网络成瘾的高发人群。许多大学生因为网络游戏、上网聊天成瘾而不能自拔，甚至有的大学生的人生观和价值观受到了影响。

二、大学生不良网络心理的形成

大学生网络心理既然出现了问题，那么就会有导致问题出现的原因。这些原因可以分为主观原因和客观原因。大学生网络心理问题是一种复杂的社会现象，它由个体、家庭、学校及社会环境等多方面的因素共同构成。

（一）主观因素影响

第一，大学生的年龄一般在18～22岁，这一年龄阶段是个体由不成熟到成熟、由不定型到基本定型的重大转折时期，也是个体发展的一个关键时期。在这个阶段，大学生的好奇心、求知欲都很强，思维活跃，头脑敏锐，接受新事物快，但是他们的阅历浅，世界观、人生观和价值观都没定型。因此，他们在网络的影响下很容易有心理问题。

第二，自控能力缺乏。自控能力是个人对自身心理和行为的主动掌握，是坚持不懈地保证目标实现的一种综合能力。大学生自制能力普遍比较差，他们的认知和行为往往不能协调一致，知行脱节，表现为意志力薄弱，不能完全控制自己的行为。网络本身是一个极具诱惑力的刺激源，这会使一部分大学生由于自控力不足而发展成网瘾，学生主观上也希望能摆脱网瘾，但是由于缺乏自控能力而导致戒瘾失败。

第三，个人交际能力差。大学生人际交往意识非常强烈，交往领域扩大，这个年龄段尤其渴望与异性交往，但又相对缺乏交际能力。有些大学生自私自利，不尊重人，让周围的人都无法与其靠近；有些大学生一直独来独往，不喜欢参与社交活动；有些大学生存在认知偏差，不讲交往的技巧，导致在人际交往中充满了困惑……总体而言，大学生的人际交往意识强烈，但在现实生活中没有得到相应的满足，这就使得他们把目光投向网络交往。网络交往是以人机对话的形式进行的，可以忽略我们所处的现实环境，与一个看不见的人通过网络进行思想上的交流。因此，这种交往方式在一定程度上可以缓解人们的心理压力，也可以使人们的交往需要得到一定的满足。

（二）家庭因素影响

第一，家庭教育不当。大学生网络成瘾与其所处的家庭环境和受到的家庭教育有很大的关系。首先，一些学生的家庭教育的缺失导致他们不能正确地认识社会，经常出现情感淡漠、空虚、孤独、抑郁等心理特征。此时，网络可以让他们抛开现实的烦恼，找到自己的尊严和快乐。其次，家长对孩子的行为过多干涉，孩子有过错时严厉惩罚，看不到孩子的优点，一味地否定孩子的优点，打击他们的积极性，给孩子过多的压力，不讲究对进入大学阶段的孩子的教育管理方式。这时，孩子就只好寻求其他途径来满足自己的愿望和需求，网络就成为他们逃避现实的好去处。最后，家庭的关爱过度也会导致大学生网络心理问题的产生。新时代部分大学生从小就被娇生惯养，长辈们无论是在物质上还是精神上都对他们慷慨大方，这就使得孩子们我行我素、随心所欲，缺乏感恩的心。这也是他们对网络形成依赖心理的一个重要原因。

第二，家庭经济的差异。因为家庭经济原因，一些学生到了大学才接触网络。一开始，他们对网络充满了好奇心，拥有电脑之后，他们就会花更多的时间去学习和使用网络。另一些家庭经济条件好的学生虽然较早接触网络，但一直受到父母的约束，一进入大学的校门，他们有了自己自由支配的时间，再加上大学生活比较单一，这就造就了他们对网络的依赖心理。

（三）学校教育影响

第一，高校心理咨询工作缺乏。目前，高校思想教育体系缺乏专业化的心理咨询队伍，开展心理咨询工作的渠道、途径单一，以至于很多大学生不愿意走进心理咨询室的大门，所以大学生缺乏心理交流的对象，试图从网络中寻找情感寄托，长期沉溺网络中便形成了对其依赖的心理。同时，学校的应试教育只重视智力教育，而没有将培养学生的心理素质渗透到其中，忽略了对大学生健康人格的教育与培养。如果学校只重视大学生的成绩，对大学生犯的错误一味地指责和批评，这样就可能会使大学生对学习更加反感，从而进一步将大学生推向网络这个虚拟世界，造成他们对网络的依赖心理。

第二，高校教育网站功能受限。高校教育网站功能有限，导致大学生网络心理教育只能采取传统的单向灌输模式，取得的教育效果不佳。大部分高校的教育网站只是新闻信息发布平台，虽然内容显得很丰富，但主要是一些说教性的文章，大学生对这些信息不感兴趣，所以很少进这些网站。换言之，这些网站存在着大学生的参与面小、内容综合性差、网上教育与现实教育严重脱节的问题。这些网站对大学生而言，缺乏吸引力和互动性，在很大程度上削弱了网络心理教育的实效性。

第三，学校对非官方网站控制不足。随着网络信息技术的发展，个人申请开设网站及网页已经成为一种普遍现象。近年，一些大学生利用学校的名义在校园网之外开设各种各样的论坛和网站。当然，这些网站租用了商业服务器，因此，它不受学校的管理，但能迎合大学生的口味和兴趣，发布一些吸引大学生注意力的信息，在大学生中的影响力逐渐扩大。这些非官方网站，注册人数动辄数千人，每天更新的内容很多，网站的点击量往往超过学校的官方网站。然而，这些非官方网站或论坛由于主办者管理不善，疏于引导，从而导致不良信息泛滥、内容质量低下，而学校又无法掌握管理权，使得大学生受到很大影响。这也是学校对大学生网络心理教育实效性不高的重要原因之一。

（四）社会环境影响

第一，网络具有很多特点，如开放性、隐匿性、交互性、平等性等。这些特点能使大学生实现自我价值，得到他人的虚拟关怀，让大学生产生满足感，从而对网络产生心理依赖。校园文化环境也会对大学生产生不良影响，如果学院、班级尤其宿舍中有多人沉迷网络，大学生们回到宿舍的第一件事就是打开电脑，沉迷于网络，与此相关的话题就会较多，共同语言也较多。由于环境的变化，在一个新的环境中，有的大学生不善于自己独立生活，缺乏一定的交往技巧，稍微有一点困难和小挫折，他们就会很苦恼，不敢直面生活上的挫折，部分大学生会选择逃避面对，跳进网络这个虚拟世界中，形成网络依赖。

第二，高校周边环境复杂。一些高校周边的网吧很多，这些对还没有足够抵制力的大学生而言无疑具有很大诱惑力，导致很多大学生沉迷于网络游戏。它们对大学生产生了严重的精神危害。另外，一些不法分子通过网络上传或发表一些不负责任的信息，这些很容易造成某些大学生的思想混乱。这些不良信息更容易诱惑大学生，使其对网络产生更大的好奇心，因此，这也是大学生依赖网络的重要原因。

第三，文化生活不丰富。高校有各种长假及周末，大学生余暇时间较多，而校园文化生活内容又比较单调、形式单一，满足不了大学生参与各种类型活动的需求。因此，在休息时间，部分大学生会感到空虚和无聊，他们需要找到合适的活动来消磨时间，上网便是他们比较容易接受的消遣方式。

第四节 高校学生的心理健康教育管理

一、高校学生心理健康教育的内容与原则

目前，高校学生在心理上会有些许困惑和问题，这时心理健康教育就可以为学生传输正确的心理健康知识，帮助学生解答生活、学习、交友以及恋爱等相关方面的疑惑，让学生可以进行自我调节，不让心理问题发展为心理疾病，让学生的身心健康得到良好的发展。

（一）高校学生心理健康教育的基本内容

（1）积极适应教育。大部分高校学生对自己都没有一个清晰的认知。这是由于他们普遍对自己没有一个准确的定位，因此无法适应激烈的社会竞争。这时要提醒高校学生做好适应社会的准备，尽快融入高校的学习和生活中来，全面提高自身的综合能力。另外，还应鼓励高校学生勇于剖析自我、了解自我，对自身心理和生理都有一定的了解，学会缓解自身的心理压力，让心理始终保持积极健康的状态。

（2）自我意识教育。高校学生的自我意识得到越来越多人的重视与关注，正确认识自我是个体发展最重要的前提。自我意识是对自己身心活动的觉察，即自己对自己的认识，具体包括认识自己的生理状况（如身高、体重、体态等）、心理特点（如兴趣、能力、气质、性格等）以及自己与他人的关系（如自己与周围人相处的关系、自己在集体中的位置与作用等）。

自我意识具有意识性、社会性、能动性、同一性等特点。自我意识的结构是从知、情、意三方面进行分析的，由自我认知、自我体验和自我调节（或自我控制）三个子系统构成。自我意识的形成原理包括正确的自我认知、客观的自我评价、积极的自我提升和关注自我成长。人生不同的发展阶段，其自我意识的形成各有特点。人格以自我意识为中心，对自身和世界的认知与领悟都来自自我意识。部分观点认为，人之所以可以正确评价和接受自己，就是因为其心里很健康，让现实和理想的自我达到一致。高校学生要想具备健康的心理，就一定要有正确的自我意识。

（3）学习心理教育。学习贯穿整个学生时期，也是高校学生的任务和内容。高校学生的专业技能和知识要通过学习获得，人格发展和心理健康也要通过学习获得。在指导高校学生的心理学习时，要将生理机制、心理机制和在进行学习活动时产生的心理讲解给他们听，让他们用正确的方法来完成高校的学习和生活，不断丰富自身知识架构，保持端正、积极的学习态度，拥有良好的学习动机。为高校学生提供科学、系统的培训，才能让他们对高校的学习和生

活充满信心，从而在学习上取得好成绩。

（4）情商教育。情商是指个体理解和调节控制自己以及他人的情绪的能力。在进行情商教育时，高校学生要注重感受情绪、理解情绪，对情绪有自控力，可及时地调整情绪。心理健康、心理承受力和沟通能力都会受到情绪的影响，只有对情绪有更多的理解，才能对这些方面产生积极的作用。在高校学生的日常生活中，情绪容易产生波动以及情绪体验两极分化都会带来负面影响。因此，高校要对这些情况有应对措施，及时调节学生的情绪，采取有针对性的方法，让学生保持心理健康的状态，拥有健全的人格。

（5）社交技能教育。社交技能是高校学生在掌握专业技能之外，可以保障其在未来的工作中迅速适应环境以及顺利地开展工作的技能。教师在教授社交技能时，可以为学生讲解基本的社交技巧和常识，以情景再现的方式展现社交的艺术性，让学生接受社交，并能够独立处理各种人际关系，从而成为一个具有自主性的个体，使其不再依赖于以往的家庭关系，可以与更多的人进行交流和沟通。

（6）意志力教育。高校学生的意志力普遍不够强，而在日常的生活和学习中意志力也无法被直接加强，因此，在学校教育中培养学生的意志力势在必行。开展意志力教育的目的在于让学生了解意志所能发挥的作用以及重要性，基于自身所拥有的意志品质，让学生学会面对困难不再退缩，即使在困境中也能调整自己的心态，对挫折有足够的承受能力，让自己的心理变得更加强大。高校学生在接受意志力教育之后可以成为不怕困难和挫折，努力实现目标的人。

（二）高校学生心理健康教育的基本原则

心理健康教育，是高校学生成才的基础。加强高校学生心理健康教育工作是新形势下全面贯彻党的教育方针、实施素质教育的重要举措，是促进高校学生全面发展的重要途径和手段。遵循高校学生心理健康教育的原则是开展高校学生心理健康教育的基础。

（1）教育性原则。教育性原则是指教育者在进行心理健康教育的过程中根据具体情况，经过认真分析后，应该让高校学生始终拥有积极向上的心态和拼搏进取的精神，从而让他们树立正确的人生观和价值观。社会精神文明建设与心理健康教育息息相关，它可以反映出社会精神文明进步性、时代性的特点。不同的心理问题会在高校学生的日常学习和生活中由矛盾引发，从而导致大学生错误的行为和观点的产生，此时教育者应倾听他们的烦恼，对错误行为和观点予以全面分析，让学生从正确的角度看待问题，对是非可以正确分辨，打破固有的思维模式。这可以让高校学生不再受心理问题的困扰，保持积极健康的心理状态，有利于学生接受共产主义的教育以及学习辩证唯物主义的思想。

（2）主体性原则。高校学生心理健康教育的研究和发展都是为了更好地服务学生。满足大部分学生的需要是教学计划要首先考虑的，工作目标也应以此为准，保证全体学生的身心健康。如今，全体学生作为高校心理健康教育的主要对象，高校在开展工作时不能只服务于个体，而是应从全体学生的角度出发，告诉学生心理在健康和不健康时分别是怎样的状态，让学生拥有一定的抗压能力，同时可以学会自己舒缓压力，在心理发生波动时可以及时地进行自我调节，如果在心理上出现不可自行解决的问题时一定要及时请求他人的帮助。

因此，高校在开展心理健康教育时要明确学生的不同需求，立足于学生自身的特点策划活动，让每次举办的活动都对学生有实际的帮助。将心理健康教育所具备的指导功能通过活动充分展现出来，让更多的学生积极参与，让学生的发展具有全面性和均衡性是高校心理健康教育始终贯彻的目标。

（3）正面性原则。高校学生是明理的，在对他们进行教育引导的过程中要尽量用榜样和正面的例子，不要出现讥讽、嘲笑的言语。教育的场合、教育的时机以及被教育者层次的不同都是在教育过程中不能被忽略的重要因素。要使教育效果最大化，发挥正面教育的作用，就应该客观谨慎、尊重事实、有目的地指导，否则不利于高校学生健康心理的形成。

（4）个性化原则。全体学生都是心理教育要服务的对象，但这些学生在现实中都是个性鲜明、具有差异的个体。因此，个体学生存在的差异是心理健康工作不能忽视的，学生不同，其需要就不同，心理发展的阶段也不同，所以在开展活动时要灵活多变。学生来自不同的地方，年龄和年级也不同，家庭生活环境和社会背景让他们拥有不同的个性，在进行心理健康教育工作时，教育者要看到这些差异，对学生有全面细致的了解，平等对待每个学生，在面对不同阶段的心理问题时要灵活多变地应对，让心理健康教育更有针对性，让开展的工作取得更大的成效。

（5）保密性原则。高校心理工作者在开展工作时有关学生的病历和隐私应严格保密。对来访者的利益要尽全力维护，在没有得到求助者的同意时绝对不能向他人透露求助者的任何信息，在日常的工作中也应小心谨慎，做到严格的保密。心理健康教育和心理健康咨询都必须严格执行保密性原则，这样才能更好地开展后续的心理健康教育工作，使设定的工作目标可以又快又好地实现。

（6）活动性原则。在确定高校学生心理健康教育的内容时，要将学生作为活动的主体，强调要使学生在活动中的心理健康水平得到发展和提高。将多种多样的学生活动与心理健康教育相结合，在活动的过程中充分发挥教育的作用。学生的参与程度是策划活动时需特别关注的，活动的意义在于要切实帮助学生，对学生有启示作用，而不只是为了单纯地举办活动。

二、高校学生心理健康教育的方法与途径

高校学生心理健康教育工作可以看成一项系统工程，方式方法很多，具体可从课堂教学以及课外教育两方面着手，注重日常与平时、指导与教育、帮扶与指导相结合，建立健康的教育网络体系。

（一）高校学生心理健康教育的方法

（1）知识传授法。系统、全面地向高校学生传授心理健康知识和心理保健技能，是一种方便又高效的方式。在提高学生综合心理素质时，除了可以采用专家讲座、专题报告以及课堂教学等方式，还可以采用多媒体放映相关影音资料、组织学生进行小组学习等方式。高校学生的心理教育方式应灵活多变，不能过于单一，可以在教学中融入真实情景演绎、真实的心理案例、自我心理测评和分析等各种不同的方式，让教学环境更加轻松和愉快，让学生可以学习到很多知识，从而可以进行自我心理调节，有正确的认知心理，让心理更加全面健康地发展。

（2）学科渗透法。传统的填鸭式教学不能用于心理健康教育上，要根据心理健康教育的特点将其进行拆分，逐步融入日常的教学之中。即使每个学科有不同的教学内容和方式，但在认知时产生的心理活动基本一致，这也是使用这种方式的依据。在进行教育时，学生的配合程度会直接影响最终的结果，因此要让学生有极高的配合度。另外，在教学中融入心理健康教育时要注意方式方法，让学生在不知不觉中接受教育。

（3）活动训练法。要提高高校学生心理健康水平，可以通过开展丰富多彩的与心理健康教育有关的活动，积极鼓励学生参加。这些活动具有更强的针对性，而活动的关键就是其过程，但要特别强调的是方法一定要合适，应该让大部分学生都可以接受。通过开展拓展训练，提高团队的协作能力，发掘每个人的最大潜力。使学生认识到团体协作对于团队目标实现的重要意义，增进对集体活动的参与意识与责任心，同时也使高校学生认识自身的潜能，增强自信心，改善人际关系，在游戏的同时，也将活动的体验融入日常的学习生活中，促使其健康成长。

（4）磨砺锻炼法。磨砺锻炼法应围绕个体设计方案，教师在为学生制定具体目标之后应指导他们对自己有更加充分的认识，在面对挑战时要充满信心。这种方式可以让学生的主观意志更加坚强和乐观，有利于学生的全面提高。这是一种让心理更加健康的实践行为，但一定是以自我的意识、观念和意志为基础的。通过这些活动可以让学生的意志更加坚强，让学生可以拥有更加健康成熟的心理。

（5）榜样示范法。在进行心理健康教育时，教师可以先为学生制定一个基础目标，之后选择一些在学生周围发生的具有代表性的成功案例与他们分享，让学生从中受到启发并积极提高自身意识。这种方法的关键在于，教师选择的案例要具有指导意义，必须是真实发生的事件，高校学生在教师的指导下深入了解案例，从中受到启发，进而可以自觉地提高自身的意识，不断进行自我调整。

（6）心理咨询法。心理咨询法服务的对象不再是全体学生，而是单独的学生个体，是教师直接与学生个体进行单独的交流，这可以在很大程度上缓解个别学生的心理问题。教师的日常辅导和答疑解惑是必须的，但关键是在于对疑难问题的解答。心理咨询可以更有针对性地解决高校学生存在的心理问题。在咨询的过程中，教师要谨言慎行，对学生要足够的尊重，并理解和保护学生的隐私，与学生进行平等的沟通，采取灵活多变的教育方法，对学生充满耐心。面谈、电话、网络和信件等都是心理咨询的方式，而最常用的是面谈咨询。教师先检查和判别学生的心理和行为，再对发现的问题进行分析和诊断，然后展开干预治疗，最后对其进行评估。可以进行心理咨询的教师必须事先经过专业的培训，并拥有较高的专业水准，相关的从业经验也必不可少。

（二）高校学生心理健康教育的途径

高校学生的压力通常都非常大，尤其针对就业等未曾接触过的问题会产生更大的压力，从而凸显心理问题。此外，部分学生和普通本科高校学生相比来说其素质水准有所差异，并且综合素质偏低。因此，这部分学生在求职过程中经常处于弱势地位，而这通常就是他们在平常生活中心理压力会非常大的原因。这种压力是和社会以及家庭有着紧密联系的，并不是单独存在的。

针对高校学生所面临的种种问题，积极开展有效的高校学生心理健康活动已成为各大高校教学的重点之一。高校学生的心理健康状况是一个综合作用的结果，每一个作用因素都不可忽视。这项工作需要社会、教师、父母和高校学生的共同努力，也只有这样才能让高校学生心理健康教育工作变得更有效率。

（1）优化高校学生心理健康教育的社会环境。高校是社会大环境中的一个组成部分，而社会的反制作用对校园而言是非常大的，学生在一定程度上也会受到影响。目前，社会竞争压力增大，学生期望通过多种活动来使自身价值得到展现，这些必定是高校学生的重要磨炼过程。因此，学生可能会产生消极思想以及不好的心理状态，并且出现自我怀疑，而这些负面情绪是从评奖的落选以及考试的失败而来。对于高校学生来说，虽然知识层面较高，但心理并未成熟。由于社会还存在很多矛盾，所以高校学生心理健康教育的社会大环境要不断加以改进和优化，这有着非常重大的现实意义。

（2）发挥家庭在心理健康教育方面的作用。家庭因素在人成长中的影响是较大的，对于人来说，最先知道客观事物是由家庭环境中，即家长的言谈举止着手的，高校学生在很大程度上所受到的影响来自家长的言谈举止和进入高校之前的自身环境。若抛开家庭教育，那么高校教育也无从谈起。即使高校教育质量较好，若家庭教育不支持，其显著的成果也不会轻易获得。一个人在求学阶段其重要的精神寄托及经济支柱是家庭，因此家庭具有很鲜明的作用，其让人的世界观、人生观、价值观随之产生，并且影响高校学生对创业或择业的选择。

对于在校学生，高校需要与他们的家长采取积极的联系，并对创业学生的家长给予特别指导，使其尽量给学生提供物质支撑或者精神激励，从而使学生有信心迎接挑战，并能在事业的开拓中满怀热情及信心。为此要想做好心理方面的健康辅导工作，就需要学生父母积极地与校方配合。

（3）学生心理健康教育的积极心理辅导。目前，在高校心理健康教育工作中，作为个体的辅导形式，惯用的是心理咨询及心理辅导，然而针对学生的心理问题，对其心理症状进行诊断及消除心理疑惑是高校心理辅导的重点。因部分学生的心理承受能力较差，就咨询而言仅是让他们当时的心理要求得到满足，但遇到新的问题时仍需依靠心理咨询。

从积极心理学考虑，若想让心理预防发挥真正的作用，那么就不能仅重视个体身上所存留的缺点或者短处，必须对个体自身的积极力量进行更多的发掘，才能让个体内心的平衡得到调适，因此其目的是对心理障碍与疾病进行治疗，并且预防心理问题。为此积极心理学在引导学生探寻积极意义时可以从两个方面着手：一是寻找自身问题出现的起源；二是关于积极的个体体验要根据问题本身将其找出，继而促进个体自身的积极力量，这样就能在消极问题上实行抵抗。

协助高校处理学生的问题以及让学生的人生得到丰富，需要经过积极的咨询与辅导方式的选用。对于高校而言，需要重点培养高校学生在自身积极力量方面的发展。在培养的过程中，可以通过运用积极的辅导和咨询方式来提高学生的认识能力和自我教育能力。更好地和学生进行沟通，并以此激发他们的认识能力，同时让高校学生能够积极地认识问题的形成，从而让事业得到扩展，依靠积极的力量摆脱心理阴影，继而维持一种良好的心态，最终协助学生发掘个人的潜力，推动有心理问题的学生完成自我实现及自我恢复，而这些都是经过学生积极的情感能力所得到的启发。对于积极心理学而言，其采取了积极的心理干预技术。

（4）构建高校学生心理健康自助体系。学生自身力量的施展、心理自助体系的设立、心理健康教育的实行、学生互助以及自助目的的完成，这些都是高校学生心理健康自助体系建立的内容。另外，自助体系的建立能让学生对心理健康问题的认识加深，同时让心理知识得以传播，从而树立正确的观点，积极地面对心理健康问题。

建立积极的学生心理健康自助体系可以通过三个方面来完成：一是高校学生团委或工作部设立高校学生心理健康或者心理咨询中心教研室，并在其引导下建立高校学生心理健康教育的学生组织，以此帮助全校学生开展心理健康教育活动；二是在各院系建立学生心理部，学生会负责组织学生心理健康教育的相关活动；三是以班级为单位建立班级心理成长小组，小组由有爱心以及心理素质好的学生组成，小组经过辅导员选拔以及学生自愿报名，让所有学生都得到关爱，并能够将学生的心理障碍及时反馈，还可及时告知辅导员、各院系和高校的心理咨询中心相关心理障碍学生的信息，从而实现早干预和早发现，针对学生的健康成长可提供协助。

（5）开展高校学生的心理健康教育课程。高校心理健康教育的重要路径是心理健康教育课程的开设，另外保障有效性及科学性最好的方法是把心理健康教育纳入高校教学方针中。目前，心理健康教育课程体系还不够完善，因而高校的课程建设中还未真正地将其纳入，心理健康教育仅以讲座、心理咨询或选修课的形式存在。

（6）构建专兼职心理健康教育工作队伍。各高校应依据自身要求设立专门的学生指导机构以及心理咨询机构，依据一定的比例进行心理咨询人员的分配，继而创建一支高水平的兼、专职心理健康教育工作团队，并定期开展心理指导或者咨询。同时，建立学生的心理档案，及时对已经出现心理问题苗头的学生进行治疗和谈话，尽量将问题于萌芽状态下消灭。

高校心理健康教育是一项专业性很强的工作，而为达成心理健康教育教师团队的专业化，就需要教师具备很高的心理健康教育专业素质。因此，学生心理健康教育工作的重点是师资队伍的组建。

（7）培育有利于学生健康成长的校园文化。良好的校园文化是全校师生进行自我教育、自我提高、自我约束的无形力量，对学生心理健康有着催化作用。优良的校园环境既是高素质高技能人才培养的需求，又是高校自身发展的需求。因此，只有高校提升校园文化品位，丰富校园文化内涵，才能创设与心理健康教育相适应的环境。

第一，营造优良的校园文化环境。优良的校园环境有利于学生健康成长，陶冶学生的情操；有益于学生情绪的稳定，能够释放其心中的不良情绪；此外，还能够净化心灵，能够让学生身心得到健康发展。另外，学生生活和学习的重要场地就是校园，因此需要高度重视优良校园文化环境的营造。对于高校来说，需要精心规划及统一布局，并且在心理学和美学的引导下，对校园进行精心改造，维持校园的高雅、宁静及优美，并争取让健康向上的气息充满校园的各个角落，从而推动学生的身心健康一直处于积极的影响中。

第二，开展丰富多彩的校园文化活动。课堂教学之外的校园活动就是校园文化活动，如学会、协会活动以及兴趣小组活动等。另外，培养能让学生积极向上及健康发展的有效载体，其能够陶冶情操、净化心灵，且能舒缓学生的紧张情绪，这就是多姿多彩的校园文化活动，是最有活力及征服力的活教材，是实现学生心理健康教育的有效形式。

学院需要准确地了解校园文化活动的意义及性质，才能合理安排相关工作。要在校园文化活动中有意识地引入心理健康教育，其切入点是学生的心理要求，并增强学风、班风以及校风的建设，同时在内容和形式的设计上还需考虑学生的心理要求，且具备针对性、可比性及教育性，保证心理健康教育的有效性与全面性。通常来说，其可以获得高校学生的积极响应并被多数学生接受。为此在活动当中应尽力营造团结互助和积极向上的良好气氛，才能让学生团结互助，并产生自我展现和公平竞争的积极意识，让学生感受到成功的喜悦与生活的乐趣，从而潜移默化地形成健康心理。

第六章 "互联网+"时代下的高校学生危机事件应对管理探究

第一节 高校学生危机事件的基础理论概述

一、高校学生危机事件的概念

高校学生危机事件可以定义为，在学生的日常生活和课外活动中突然发生的，可能影响到他们的正常学习和生活，甚至会对其造成人身伤害的事件。这类事件对学校的正常教学、管理和秩序同样可能造成影响，同时对学校的形象和声誉产生负面影响。例如，大学生自杀、自残或自虐，感染疾病，食物中毒，离奇失踪，打架斗殴，偷盗抢劫，交通事故，宿舍火灾或网络信息不当传播等。

二、高校学生危机事件的特点

尽管高校学生危机事件并不是危机管理理论研究的重点，且相比较而言，高校是相对稳定的地方，危机事件爆发概率也相对较低。但是，由于高校是为国家和社会培养人才的重要场所，因此它们对社会具有广泛的影响。作为一个高知识、高素质的团体，高校师生历来受到政府、公众和媒体的关注。一旦高校发生危机事件，特别是突发性事件和轰动性事件，将不可避免地成为社会关注的焦点。因此，对高校学生危机事件进行研究讨论显得十分必要。厘清其基本特征，了解其处理方法，最大限度地减少高校学生危机事件，消除其不利影响，是每个高等学校管理者必修的功课。高校学生危机事件属于危机事件众多类型中的一种。危机事件是指发生在特定领域和特定群体中的各种危机事件。因此，在考虑高校学生危机事件的特点时，应至少考虑到高校学生危机事件的共性特点和个性特点两个方面。

（一）共性特点

高校学生危机事件的共性特点也是一般危机事件的共同特点。从定义危机事件的角度来看，高校学生危机事件应具有以下6个共性特点。

1. 突发性

危机事件是小概率的偶然情况，通常由不同的节点串联，是许多细节排列组合后导致的不可避免的结果。这是一个从量变到质变的进化过程。发生是不可避免的，想要确切地预测它将在何时何地以何种形式发生是困难的，甚至是不可能的。多数高校学生危机事件都是突然发生的，并且是无法预测的。它们通常在没有预警的情况下发生，即使在个别情况下会有一些预兆，也很难预测事件发生的时间、地点、规模和影响，这常常使高校管理人员措手不及。这告诉我们要更加注意高校管理工作中的细节。同时，为了达到扩大影响的目的，危机事件经常呈现出意想不到的方式，超出了高校正常的运作范围，更加凸显其突发性的特点。高校学生危机事件发生以后，其发展过程、趋势、实际规模以及具体的时间和影响的程度也难以预测和把握。再加上高校管理者对有些危机信息的掌握不及时、不完整，难以对高校学生危机事件进行有效管理。即便在对高校学生危机事件进行了有效管理的情况下，危机事件也可能会发展出不可预测的突变。这些都会增加高校管理的难度。

2. 危害性

无论发生何种危机事件，都会不可避免地造成不同程度的危害。高校学生危机事件将在不同程度上影响高校日常工作的正常进行，具有消极影响。例如，造成学校财产和名誉损失，威胁高校学生或他人的人身安全等。在高校学生危机事件中，情绪易偏激的学生容易迅速聚集在一起，若此时高校管理人员处理不当，甚至可能导致学生罢课和示威游行等严重后果。这些活动不仅破坏了教学科研等的正常秩序，给高校的日常工作和学生的学习生活造成了影响，而且容易引起人们的思想混乱和极端的心理恐慌。由于高校学生是容易引起社会关注的群体，因此此类事件的发生更易引起社会层面的关注，并且也容易被别有用心的人操纵，客观上加剧了事件危害的范围和程度。高校学生危机事件发生的直接范围虽然不一定是在公共领域，但却会因其迅速传播而引起公众广泛关注，成为公共热点，并造成公共损失，带来公共心理恐慌和混乱。此外，危机通常具有连锁反应，会导致继发性事故，造成更大的危机和随之而来的危害。

3. 双重性

双重性意味着既是危险，也是机遇。危机事件的危险性在于，高校学生危机事件的发生将不可避免地带来各种危害，但它们通常也包含机遇，存在转折点。如果能抓住其中的机遇，就很可能创新高校管理工作的方式方法，有效地防止其他危机的发生。危机事件的发生导致原有的高校管理体系遭到破坏，迫使管理者们需要在短时间内选择解决的新思路和新办法。这就要求管理者要具有敏锐的洞察力，善于将高校学生危机中出现的新话题、新需求和新因素转化为发展机会。同时，还能够利用危机事件的特殊情况，对高校师生的心理适应能力、辨别是非能力和团队凝聚力进行培养和训练。在危机事件管理过程中也能够检查、发现和反思问题以及存在的缺陷，这都将有助于及时改善和提高学校管理水平。

4. 聚焦性

高校学生危机事件发生后，相关信息的传播比危机事件本身的发展要快得多。对于尚未深入社会的高校学生来说，他们的价值观还不够成熟，考虑问题的角度不够全面，甚至会表现得很偏激。具有严重影响力的高校学生危机事件就像在学校放了一颗定时炸弹。如果处理不当，它将迅速传播并诱发学生的思想活动，引起他们的共鸣和效仿，从而增加事件的严重性。加上当今高度发达的通信技术和传播速度，该事件将不仅是高校的内部事件，还是引起媒体和整个社会广泛关注的公众舆论事件。

5. 紧迫性

结合之前的分析，危机事件通常是突发的、迅速发展的并带有一定危害的。如果不采取果断而迅速的措施来控制局势的发展，危机事件将更加恶化，并将产生无法弥补的后果。因此，高校学生危机事件发生之后，高校的管理决策者就必须尽快做出判断，部署各级部门迅速做出反应。

6. 持续性

高校学生危机事件一旦发生，无法立即掌握和平息。即使高校管理人员迅速做出反应，对于相关事件的管理和恢复仍将持续一段时间。

（二）个性特点

高校学生危机事件的个性特点与事件的主体属性和直接影响的对象密切相关。回顾近年我国发生的高校学生危机事件，可以总结出以下四个个性特点。

1. 群体性

高校学生危机事件的主体是高校学生。高校学生思维活跃、愤世嫉俗、敢想敢做。高校学生群体中多是年龄相近，处于相同的社会环境之中，拥有相似的生活和学习经历。他们有共同的兴趣，对问题的看法和反应通常来说比较一致，一旦发生危机事件，容易引发群体性反应。此外，虽然高校学生危机事件的诱因往往比较单纯，但是一旦处理不当，会引发其他学生或其他高校的效仿，产生影响更大的危机事件。因此，高校学生危机事件多为群体性事件，对更大范围的人群影响更大。

2. 特定性

高校学生危机事件发生的地方主要是高校。高校是高校学生的主要聚集地，也是他们活动时间最多的地方，所以高校学生危机事件的发生场地自然以学校为主，如食物中毒、流行病感染、打架斗殴、火灾、自杀或其他恶性犯罪等，大多发生在大学校园内。当然，不排除某些情况发生在校园以外的地方，如校外伤害、校外失踪等。

3. 传播性

长期以来，高校事务一直是公众和舆论高度关注的话题。一旦发生危机事件，社交媒体将直接介入并进行公开报道。对于媒体来说，越是突发和轰动的新闻，就越能满足公众的好奇心。如果事件得不到及时处理，不能获得当事方的满意和公众的理解，那么危机事件将会以更快的速度进行传播。随着各种短视频制作和传播平台的出现，使得高校学生危机事件的传播速度和程度已不再是高校管理者可以轻易控制的了。

4. 矛盾性

在高校学生危机事件中，最典型的争议是经济补偿或道德抚恤问题。由于当事各方，尤其是学校和所涉及的学生家长，对事件的责任方持有不同的看法，各方的诉求难以协调和解决。正是由于利益冲突的复杂性，想要危机得到化解，就不可避免地需要使各方矛盾得到最终解决。可用的解决方法包括协商解决、调解解决和诉讼解决。其中，最理想的是各方可以共同协商选择解决方法，这样也有利于各方的和谐与社会稳定。

正是因为大学校园与成千上万的家庭联系在一起，高校学生危机事件的发生就不可避免地会引发社会的强烈反响，这将放大危机事件并产生辐射效应。如果能正确了解高校学生危机事件的共性特点和个性特点，及时有效地加以处理，坚持尊重事实、有效协商，则有可能缩小危机的负面影响。

三、高校学生危机事件的类型

综合当前一些对高校学生危机事件的分类和分析研究，由于研究视角不同，其分类结果也不尽相同，但最终目的却是相同的。通过对高校学生危机事件的分类，尽可能多方位思考和深度理解高校学生危机事件背后的内涵和影响，以便更好地应对和控制危机事件给学生和高校带来的负面影响。本书认为，应对和控制危机事件最重要的是从危机事件形成的原因着手。因此，从对高校学生危机事件成因的分析来看，可将其分为以下 5 种类型。

一是政治性危机事件。该类危机事件是由政治因素引起的。自改革开放以来，中国的国际地位不断提高，但西方敌对势力对中国的破坏从未停止。西方敌对势力唯恐中国不乱，经常无缘无故地制造麻烦和冲突。高校学生在面对西方敌对势力的言论和行为时容易冲动，他们可能会采用非理性的方式表达自己的爱国情感。

二是社会性危机事件。随着高校管理方式不断社会化和生源结构的多样化，学校与社会之间的关系越来越密切。今天的中国社会正处于重大改革、重大调整和重大发展的时期。很多社会问题使得一些高校学生的心理变得不平衡，采用极端的方式来表达他们内心的不满，从而导致了危机事件的发生。

三是事务性危机事件。在我国各项事业迅速发展的今天，由于教育在短期内难以快速看到成效，高校的教学质量、后勤保障、硬件设施、管理理念和服务水平等方面，不能完全满足高校学生日益增长的多方面需求，这为高校学生危机事件的发生埋下了隐患。

四是心理性危机事件。当代高校学生的主体已是"00后"。"00后"高校学生们在思想观念上的表现更加多元化。他们在世界观、人生观和价值观选择方面的偏差容易造成心理承受等方面的困扰。一些高校学生习惯了以自我为中心，承受不了任何违背自己意愿的事情。一旦遇到不顺的事情，往往会造成心理失衡并导致危机事件的发生。随着社会变革带来的许多矛盾，学生会面临学习、情感、就业、经济等方面的压力。有些高校学生的心智水平无法适应这些压力，随之而来的是他们更为严重的思想混乱和心理负担，而长时间积累的负面情绪则会导致其情绪崩溃和某些极端行为的发生。

五是灾害性危机事件。相对于人为因素，自然性灾害是不可抗拒的，如地震、海啸、台风等自然灾害或流行病。由于近年严重的环境污染、大气破坏、全球温度升高以及地壳活动频繁，自然因素引发的灾害性高校学生危机事件时有发生。例如，2020 年初新冠疫情引起社会各界人士的关注，大学校园作为一个生源复杂、人员较多的封闭性地方，很容易引起学生们的慌乱和骚动。如果高校学生工作管理者忽视此类危机事件的预防，甚至让这种流行病在校园内蔓延，其后果将是灾难性的。

第二节　高校学生危机事件管理的基本原则

一、预防为主原则

预防为主原则是高校学生危机事件管理的基本出发点之一。这意味着学校和学生都应该在整个危机管理过程中牢固树立危机预防管理意识，将其作为危机管理的关键，并充分认识到危机管理的最终目标是在问题发生之前就先进行预防，消除可能出现的隐患和危险，并减少发生危机事件时因此造成的损失，同时及时找到合理的解决方案。美国危机管理专家迈克尔·雷吉斯说"预防是解决危机的最佳方法"，深刻揭示了危机事件管理的预防为主原则。

能提前消除危机是危机管理的最优状态，处理危机的最佳方法是尽可能地避免危机。尽管由于高校的特殊环境，高校学生的危机涉及大量的人员，因此特别复杂且具有高度不确定性。但是归根结底，高校仍然是一个相对成熟的"小社会"，且存在着相对完善的团队和组织，许多危机事件仍然可以得到一定程度的控制。高校应该采取切实可行的措施，在日常管理中重视对师生的危机意识教育，在问题发生之前预防，并继续加强研究，总结经验和教训，学习相关的理论知识，参考现实中预防的案例，对各种可能发生的危机事件进行提前预测和分析，不断完善各种危机应急管理系统，组织制定全面可行的危机预案和计划，并定期进行日常防御演练和不定期培训，竭尽所能减少高校学生危机事件发生的可能性，提高高校的危机事件管理水平。一方面，针对可能发生的各种危机事件，高校必须全面、系统地总结校内外各种经验教训，并充分学习国内外相关预防研究的理论和实践成果。更重要的是要制定出一套适合本校的综合性防治措施，并鼓励全体师生积极实施，以形成针对整个学校教学育人过程的整体性紧急响应系统。另一方面，我国普通高校普遍具有系统、完善的领导机制。学校内部的分工也是细致且明确的，有助于建立危机管理组织。在人力、物力、财力及其他资源允许的情况下，学校可以考虑创建一个特有的高校学生危机管理部门，来全面负责学生危机事件管理。该部门致力于建立科学规范的高校学生危机事件管理机制，专门负责事件的确认和分类、预防和预警、应急措施、紧急保护和善后工作。制定全方位详细的条例规定，以阐明学校学生危机事件管理的启动标准和应对程序。

如今，人们生活在全球化、信息化和网络化的经济社会环境中，存在着更多的不确定性和突发危机的可能性。一旦危机形成，解决起来更为复杂，牵扯面更广。但是，危机的发生又是由长期积累的矛盾和问题导致的。因此，最好能在危机爆发之前，预先发现潜在的矛盾和问题。这也是为何有些学者提出将"危机管理"转变为"问题管理"的议题。实际上，要将危机管理转变为问题管理，必须有意识地对危机进行常态化的管理。这不是说要用问题管理来代替危机管理，而是要形成"预防为主、预防和消除相结合"的管理模式。

二、以人为本原则

以人为本是高校学生危机事件管理的核心原则，也是最根本的价值取向。它要求在危机事件发生之后，学校首先应该以教师和学生的利益为先，并且要毫不犹豫地维护教师和学生的权益。在整个危机事件发生的过程中，学校的管理者必须要做到尊重生命，最大限度地避免与师生的人身安全和财产安全发生冲突，始终把师生的生命和财产安全放在首位。应最大限度地注意倾听教师和学生的心声，必须尊重其基本权利，如人权和知情权，竭尽全力减少危害教师和学生利益的风险。

以人为本不仅是科学发展观的核心，更是科学发展观的核心价值取向。这也是高校学生危机事件管理的最高原则和第一原则。高校学生危机事件管理的主要和根本目的是保护教师和学生的生命和财产安全。在处理危机事件过程中，高校必须把挽救生命和确保师生的基本生活条件作为重中之重，并尽一切可能地保护受害者和救援人员的生命安全。在预防和处理危机的任何环节都要尊重人权，将教师和学生的利益放在首位。当高校学生遇到危机事件时，教师应组织起来，迅速带领学生一同撤离发生危机事件的区域，反对不顾及自身安危的救助。与此同时，即便在紧急情况下，高校管理层也应尽一切可能维护教师和学生的权利，以防止因管理不当等因素造成对师生权利的侵害。

三、坦诚交流原则

坦诚交流是高校学生危机事件管理的重要原则。这意味着在高校学生危机事件管理过程中，高校不应为了避免发生公共关系危机阻塞信息渠道，应及时、坦诚且有效地与校内外各界人士沟通。学校里人口稠密，较容易发生危机事件。当高校学生危机事件发生后，坦诚直接的交流应受到高校管理者极大的重视。就学校内部而言，交流不仅是缓解危机的必要条件，更是在危机事件发生后能够增强师生、家长及社会对学校的认同，帮助师生、家长及社会各界正面了解危机事件的起因、经过，达成共识，支持学校处理危机事件的方式，能有效降低危害。对于学校外部而言，危机事件发生后的坦诚交流有利于高校维护良好的管理育人形象。高校学生危机事件如若在社会上不受控制地变相传播，就会成为人们茶余饭后的谈资，甚至产生谣言。此时，获取社会各方的支持对于高校来说十分重要。因此，高校学生危机事件管理中的交流应做到及时、积极、有效。

首先，交流必须及时主动。危机事件发生后，各种谣言将会迅速在校园内外传播。高校应积极配合公众提问和媒体采访，向师生和公众陈述事实，帮助受害者克服恐慌，及时通过各种渠道向上级管理部门、辖区警方、当地政府、学生家长和社交媒体传达正确的信息，积极引导舆论。安抚好学生和家长的情绪，设法维护校园秩序稳定，促进危机事件向好的方向转变，使学校尽可能处于危机事件管理的主导地位，有助于迅速消除各种谣言的滋生，有效防止公共关系危机的发生。

其次，要积极坦率地交流。伴随着高校学生危机事件的发生，接踵而来的是各种流言和谣言的迅速传播，高校将会成为大众和媒体关注的焦点。在这种情况下，不要想着能够投机取巧地敷衍了事。高校必须积极地与媒体联系，进行及时有效的沟通，做到尊重事实。不能隐瞒事实真相，不要逃避出现的问题和错误，应勇于承担责任，主动向新闻媒体和大众交代，说明事态进展。只有及时地将准确的信息传递给上级部门、当地政府、师生及家长，才能打消公众的疑虑和焦虑，重获师生和家长的信任和尊重，从而凝聚各方之力，达到师生、家长、学校和社会各界共同解决问题的目的和效果。

最后，要进行有效的交流。如前文所述，有效的信息沟通是高校学生危机事件管理的关键环节。因此，高校须重视有效的交流在危机事件管理中的作用。应建立高校学生危机事件管理的信息沟通机制，畅通信息反馈渠道，危机管理者之间的交流要保持畅通无阻，以确保在任何情况之下都能进行有效的交流，以免耽搁时间影响事态的发展。

四、高效快速原则

高效快速原则是处理高校学生危机事件的关键之一，这取决于高校学生危机事件的突发性特征。高效快速原则意味着在发生高校学生危机事件后，学校应从容镇定、积极果断地应对，在第一时间迅速做出反应，并立即采取有效措施控制事态进一步恶化，争取在危机萌芽阶段将其消除，设法将其控制在较小的范围内，防止其蔓延，并最大限度地减少危机造成的损失。高效快速是要尽可能地控制局势的恶化和蔓延，减少损失，并在最短的时间内恢复和重建高校的良好形象。危机事件发生后，高校必须迅速做出反应并立即采取补救措施，以免扩大危机事件牵扯的范围。在某种程度上，成功地进行危机事件管理的关键通常在于是否可以尽可能地缩短事故发生与采取应对措施之间的时间间隔。一旦高校学生危机事件涉及面广，涉及程度严重，高校却没有及时采取措施，整个校园将陷入混乱。为了高效快速地处理好高校学生危机事件，有必要追求"损失最小化"，充分体现高校积极负责任的态度，以及对一切事务以人为本的理念。确保在整个危机事件管理过程中进行有效果断的处理，做出科学系统的决策，协调师生、家长积极响应。

遵循高效快速原则，具体要做到以下四点：一是要果断科学。高校学生危机事件变化快且会影响整体，任何模糊不定的决策都有可能产生严重的后果。这就要求高校要有一个专门的危机管理常设机构，该组织可以专注于在危机事件发生时尽快做出决策，动用一切资源果断处理紧急情况。坚决反对机械化的决策方法和程序，在时间、信息、替代方案和人力资源严重不足以确保决策的特殊情况下，学校必须集中精力改善管理的科学性。二是要统一领导。高校在危急情况下必须坚持统一领导。这是因为管理危机事件需要快速响应和果断的决策。只有在统一领导下，才能避免政出多门和拖延的情况发生。外部联络和沟通也必须严格遵循统一的命令，并且只能使用一个声音来报告危机，要避免意见分歧和口径不同，如果内部有不同的声音，将不可避免地引起舆论和听众对信息的不良回应。三是要协调响应。高校学生危机事件具有群体性、社会性和不确定性等多种特征。学校不是某个部门或个人就可以进行管理的，这要求所有相关部门和职工应树立全局意识和责任感，遵循学校指示，积极做好纵向和横向协调，动员教师、学生、家长及社会等各方的参与，达成多方共识。四是要积极回应。一些高校学生危机事件涉及较为敏感的话题，很容易引起社会的广泛关注。危机事件管理者必须积极地做出回应。值得强调的是，尽管针对高校学生危机事件的管理强调依法管理，但这与高效快速原则并不矛盾。必须坚决防止官僚主义，避免反应迟钝，从而导致局势进一步恶化，失去化解危机的最佳时机。

五、依法治校原则

依法治校原则是指高校在处理危机事件时应遵循相关的法律法规和规章制度，并按合法程序予以解决。可以使用校园官网、学报校刊、官方微博、微信公众号等正式媒介进行宣传教育，召开专题会议，开展主题班会、学校特色项目研究来提高师生们的认识，提高高校管理公信力，使高校学生危机事件的管理更加规范和科学，确保遵纪守法。依法治国是现代民主政治的基本要求，也是依法治校在管理高校学生危机事件中的一种体现。

遵循依法治校的原则，要求在实践中必须体现以下三点：一是不断完善法律法规。我国高校学生危机事件管理的研究起步较晚，未形成系统的法律法规，导致在处理高校学生危机事件时常常无据可依。在国家层面，应根据《中华人民共和国突发事件应对管理法》《国家突发公共事件总体应急预案》的要求，制定和颁布处理高校学生危机事件的法律法规。作为高校，必须严格以相关法律法规为指导，结合地方政府的实际情况和学校自身特点，进行分级分类的危机管理，建立健全高校学生危机事件应急预案体系和危机管理制度体系。二是时刻注意人文关怀。在处理高校学生危机事件时，应以现行法律法规为基准，尊重人权。在危机实际管理过程中，既要遵守法律，勇于承担应有的责任，又要体现人文关怀。三是善于总结经验教训。当高校学生危机事件基本得到控制后，高校管理者就需要根据情况制定有针对性的恢复工作方案，来稳定学校的教育教学和服务管理秩序。在危机完全消除之后，有必要围绕危机事件管理过程的各种细节，进行详细深入的研讨，认真吸取教训，加强管理，完善制度。通过对危机平息后的恢复和评估，继续深入探究危机事件发生和存在的根本原因，从根本上消除危机隐患，并努力追求高校科学安全的发展。

第三节 高校学生网络危机事件的管理研究

一、网瘾危机事件的处置

（一）网瘾相关知识

1. 大学生网络成瘾

网络成瘾又称网络依赖或者网络成瘾综合征（internet addiction disorder，简称 IAD)，是指在无成瘾物质作用下的上网行为失控，由网络操作时间失控难以自拔、沉溺于网络世界而导致个体明显的社会心理功能损害。

网络成瘾是因反复过度使用网络导致的一种精神行为障碍，表现为对使用网络产生强烈欲望，突然停止或减少使用时会出现烦躁、注意力不集中、睡眠障碍等情况，从而导致心理、社会功能受损，并严重影响正常的学习、工作和生活，影响个人的生存和发展，甚至影响到整个家庭，乃至整个社会的和谐稳定。

大学生群体是网络成瘾的易发群体之一。尽管上网成瘾者在大学生网民中的比例不一定很高，但一些调查研究的结果表明，大学生网络成瘾问题日趋严重，确实令人忧虑，解决大学生网瘾问题非常迫切。

2. 网络成瘾的原因

（1）来自网络的诱惑。网络具有的独特魅力吸引着众多的大学生，成为他们网络成瘾的重要致命源。对于求知欲、好奇心强烈的大学生而言，网络信息的丰富性无疑是一个不可抵挡的诱惑；网络世界中身份的匿名性满足了大学生对自由度、安全感和成就感的追求和需要；网络社会中全员社会地位的平等和社会行动的自由性满足了大学生追求平等、民主、自由的心理需求；网络的多功能性和强大的娱乐功能带给大学生无尽的电子愉悦。

在网络空间感觉到了梦寐以求的自由和平等，真正实现了"海阔凭鱼跃，天高任鸟飞"的想法，于是就有可能乐此不疲、乐不思蜀，使得他们在心理上依赖网络，不能自拔，最终造成网络成瘾，这或许就是人们称网络为"电子海洛因"的原因之一。

（2）来自大学生的主观原因。

第一，大学生的心理因素。大学生具有强烈的好奇心，关注并且容易接受新事物，这种求新求异的特点促使他们积极投身于由网络架构的新奇、丰富、动感的社会空间；网络与大学生之间存在很多契合点，造成他们对其"一网情深"，如大学生具有追求流行、赶时髦的特征，上网的时尚性符合他们追逐流行的心理，这样网络就为他们提供了最好的心灵释放场所，大学生在认知能力上的局限以及较弱的自我控制能力也容易使自己走到网络成瘾的道路上去。

第二，不良的人格特质。金伯利·杨的研究发现，网络使用依赖者具备特定的人格特质。那些性格内向、焦虑倾向严重、不善于与人交往的大学生可能性较大，一些自律能力较差的大学生也会不知不觉地染上此症。研究表明，网络成瘾者普遍具有以下人格特征：

情绪不稳定、易怒、多变，没有自控能力，自己做的承诺不能兑现；

注意力不能集中和持久，记忆力减退，对其他活动缺乏兴趣，为人冷漠，缺乏时间感，情绪低落；

与人沟通能力差，胆小，退缩，不愿面对现实生活的各种挑战。

第三，精神空虚，没有奋斗目标。不少大学生沉溺于网络，在网络里寻找刺激，都是因为没有明确的奋斗目标。特别是新生，一经大学录取，其心情突然放松，顿然失去自主冲力。在高中时大学像是黑暗中的一盏明灯，指引着莘莘学子前进的方向。进了大学后，却不知道该向何处去，进入了目标盲区。这种后无动力、前无目标的情况，导致好多大一新生缺乏奋斗目标，得过且过，学习提不起兴趣，只能到网络中找乐。

（二）危机管理

1. 危机预防

（1）建立查课制度。不定期进行查课，及时了解网瘾症学生到课情况。

（2）建立查寝制度。每天晚上11：00准时查寝，及时了解网瘾症学生的生活起居习惯。

（3）加强网络道德教育。学校通过多种途径进行学生网络道德教育，让学生自觉约束自己的行为。

（4）学习成绩分析制度。每学期考试结束后，应重点关注网瘾症学生的考试情况，对不及格的学生给予帮助。

（5）定期给网瘾学生的家长通报学生的学习成绩和在校表现，家庭教育和学校教育相结合。

（6）辅导员采取心理干预，常见方法如下：

①"温水煮青蛙"式的心理干预。具有网络成瘾的大学生对网络有一种心理上的过度依赖，如果疾风暴雨式地给予干预往往会诱发其逆反心理，加重其对网络的依赖程度。因此，最好采用这种方式对其进行心理干预，积极地与他们进行平等的交流沟通，了解他们的内心世界，给他们精神上的关怀理解，给他们提供良好的社会支持。

②转移式心理干预。转移能使人避开引起自己不良情况的环境，把情绪转

移到新鲜的事情上。大学生求知欲强，对新事物大多是全身心地投入。可以积极采取措施转移注意力，引导他们寻找新的兴趣点，培养新的兴趣爱好，组织一些更有意义的活动来替代他们的上网活动，从而转移网络成瘾者对网络的注意力。从大学生积极向上的心理特性出发，帮助他们树立起远大的目标，引导他们积极参加各类校园文化活动，陶冶高尚的情操，加强自控力锻炼。

③趋利避害的心理干预。互联网是一把双刃剑，对于大学生上网，不能一味地指责与干预，对于上网寻求健康有益的内容应给予满足，以利于取得他们的信任，与他们建立沟通渠道。如果上网时间过长、上网次数过频、上不健康的网站，家庭、学校就应该对其进行及时引导与制止。这种心理干预方式比较容易让大学生接受，从而主动克制、调控自己的上网行为，达到趋利避害的目的。

④淡化性的心理干预。大学生正处在性生理已经成熟，但性心理尚未成熟的时期，一些大学生之所以沉迷色情网站，根本原因是对性的兴趣和渴望，加之由于我国性教育相对滞后，未对大学生及时教育疏导，常常导致其性苦闷，所以借助色情网站宣泄。因此，学校可以开展正常的性知识教育，帮助大学生掌握性心理、性生理和性道德方面的知识，形成正确的性观念与性行为。

⑤团体干预。团体干预就是对网络依赖或成瘾人群施以团体心理咨询。通过团体干预可以使团体成员能够认识到别人也有跟自己相同的问题，自己支持别人，也得到别人的支持，从而获得道义心，可以增进信心。团体干预可以使团体成员注意到自己的能力，对团体其他成员的成长有所贡献，亦可以增强自信心和安全感。在团体干预的过程中，团体成员在团体中做出改变不当行为的承诺后，会因团体的监督作用而努力维护自己的诺言，由此使自己行为的改变得到长期的坚持巩固。

2. 危机处置

（1）辅导员找其谈话，可以从身体角度出发，告诉他沉迷网吧的危害，还有父母赚钱养家的艰辛。

（2）帮助学生树立正确的人生观，若已经网络成瘾并不可怕，认真对待就一定能成功摆脱网瘾。

（3）动员网瘾学生参加班上或者学校所有活动，如乒乓球比赛、合唱队练习、护绿小组活动……让其和同学们接触，在集体中感受和大家交往的快乐，培养其积极乐观的兴趣爱好。

（4）有意识地安排几个同学平时多亲近网瘾学生，多和他们说话、游戏、读书、做题目等，让学生感受到生活是丰富多彩的，除了电脑游戏外还有很多事情可做。

（5）如果沉迷网络已经无法正常学习和生活，根据学籍管理规定，达到学业警示及退学情况的，需要通知家长，共同教育或办理相关手续。

3. 危机修复

（1）网瘾症学生容易出现严重的躯体及精神症状，处置时需要保证学生的人身安全，充分考虑其情绪状况，避免危机事件的发生。

（2）联系心理咨询师，以适当的方法进行积极的心理干预，让学生尽早克服"网瘾"。

（3）私下安排学生干部做好监督工作。

（4）关注该生的微信朋友圈动态和 QQ 动态，时刻了解该生的想法。

（5）与家长随时保持联系，共同关心督促。

二、网恋危机事件的处置

（一）网恋相关知识

网络正以前所未有的深度和广度飞速发展，它改变了我们很多生活习惯，上网聊天和网恋已经成为普遍现象。大学校园本来就充满着浪漫的气息，大学生又对新事物有强烈的猎奇心理，且高校的网络已经十分普及，因此在高校里上网聊天和网恋更为流行，上网聊天、网恋、网上同居、网上结婚已经成为大学生在网上活动中最感兴趣的主题之一，甚至网恋成了高校的时尚，有的大学生网恋的对象还不少。许多大学生在现实生活中性格内向、不善言语、情感表达方式不当，常常会把现实中的情感转移到网络世界，在这里，他们能自由地表达自己的情绪和情感，从中得到安慰、关爱、自尊等。

但是长时间对网络的依恋，往往会导致大学生情感的异化。一方面，不利于大学生健康情感的发展，增加学生在情感上的随意性、定约性和虚假性，降低大学生对爱情的崇高感和责任感；另一方面，容易导致他们在现实的人际交往中更加冷淡、麻木、自闭，会使他们感到更加孤独、寂寞、空虚和无助。沉迷于网恋的大学生，既荒废了学业，又会使自己的身心受到伤害。最可悲的是，网络是十分虚幻的，往往被不法分子利用，一不小心就会上当受骗，势必会影响自己的情绪，并且将这些情绪带到日常的学习和生活中，也会给心理造成难以消除的阴影。

（二）危机管理

1. 危机预防

（1）加强对学生的伦理道德，尤其是爱情观的教育。懂得爱是一种责任和奉献，不是一个人对另一个人的绝对依赖。恋爱必须遵守爱情、婚姻道德。

（2）多渠道、全方位宣传网络中不良内容造成的危害。要让大学生懂得网络是一把双刃剑，懂得防范网络的阴暗面。

（3）倡议学生不要沉迷网恋。且不说网恋对象是否真实存在都是个未知数，就算是真实存在，但要在现实生活中在一起还会受许多现实条件的限制。没有学业和事业作基础，再美的网恋也无所附丽。正如成语所说，"皮之不存，毛将焉附。"

2. 危机处置

（1）如果需要，可以申请调看学校监控，从中查找网恋学生在校园的行动轨迹。

（2）辅导员发动班级寻找网恋学生去向，在最短时间内找到网恋学生，以免发生危机事件。

（3）汇报分管领导和保卫部，发动保卫部工作人员一起寻找网恋学生。

（4）根据危机事件的严重程度，判断是否需要送医和报警。

（5）做好学生的心理疏导，安排专人进行看护，在家长到校之前不要离开大家的视线，确保网恋学生是安全的。

3. 危机修复

（1）事态严重者，立即通知学生家长来校安抚学生情绪，协助处理好学生网恋危机事件。

（2）辅导员做好疏通和引导工作，使之平缓过渡，避免极端事件的发生。

（3）辅导员在家长到校之前，安排班干部和同寝室同学做好其思想工作，随时关注其思想动态，密切关注其行踪，确保学生人身安全。

（4）辅导员等家长到校后，做好相关解释工作，并提供相关帮助，争取在学校和家长的共同努力下，圆满解决事情。

（5）开展主题班会，进行正确对待网络的教育。

三、网上造谣传谣危机事件的处置

（一）网上造谣传谣相关知识

1. 网络谣言概念

网络谣言是指通过网络介质（如微博、国外网站、网络论坛、社交网站、聊天软件等）而传播的没有事实依据，并带有攻击性、目的性的话语。主要涉及突发事件、公共领域、政治人物、颠覆传统、离经叛道等内容。

谣言传播具有突发性且流传速度极快，因此对正常的社会秩序易造成不良影响。偷换概念、以偏概全，使得谣言防不胜防；宁信其有、不信其无，从众心理加速传播。网络谣言尤其是网络政治谣言由于真伪难辨、蛊惑性强，容易带来严重的社会问题，甚至引发社会动荡和政局失稳。多数国家把打击网络政治谣言作为重要内容，综合施策、严厉打击。

2. 网上造谣传谣处理办法

2013 年 9 月 9 日，最高人民法院和最高人民检察院公布的《最高人民法院、最高人民检察院关于办理利用信息网络实施诽谤等刑事案件适用法律若干问题的解释》，明确了网络谣言在什么情况下构成犯罪。该司法解释于 2013 年 9 月 10 日起施行。

据《中华人民共和国刑法》第二百九十一条第二款的规定：编造虚假的险情、疫情、灾情、警情，在信息网络或者其他媒体上传播，或者明知是上述虚假信息，故意在信息网络或者其他媒体上传播，严重扰乱社会秩序的，处三年以下有期徒刑、拘役或者管制；造成严重后果的，处三年以上七年以下有期徒刑。

根据《中华人民共和国治安管理处罚法》第二十五条的规定，散布谣言，谎报险情、疫情、警情或者以其他方法故意扰乱公共秩序的，处五日以上十日以下拘留，可以并处 500 元以下罚款；情节较轻的，处五日以下拘留或者 500 元以下罚款。

最高人民法院和最高人民检察院颁布的《关于办理利用信息网络实施诽谤等刑事案件适用法律若干问题的解释》第五条规定，利用信息网络辱骂、恐吓他人，情节恶劣，破坏社会秩序的，依照《中华人民共和国刑法》第二百九十三条第一款第（二）项的规定，以寻衅滋事罪定罪处罚。

（二）危机管理

1. 危机预防

（1）提高大学生的社会事件认知水平，加强大学生的社会认知教育，切实提升大学生的文化素养和知识修养，自觉抵制谣言传播。

（2）加大学校信息公开力度，加强社会热点事件跟踪报道的透明度。保证受关注信息的及时公开，可有力抵制别有用心之人捏造虚假信息、编造虚假事实蛊惑大学生，引发校园秩序混乱，破坏安定团结。

（3）加大校园网络的监管力度。鼓励学生尽量用校园网络，这样方便监管，可以更好地预防一些危机事件。

2. 危机处置

（1）根据相关法律、法规和学校有关规定处置造谣传谣的学生。

（2）对危害性较轻的谣言传播学生以教育劝说为主。

（3）对违反《中华人民共和国治安管理处罚法》的学生，学校给予相应处分。

（4）对严重危害校园及社会秩序的造谣传谣学生，依照相关法律规定，由司法机关予以刑事处罚。

3. 危机修复

（1）学校相关部门及时对谣言进行澄清，避免恐慌。

（2）将造谣传谣的网站进行屏蔽或者关闭，严惩相关责任人员。

（3）对危害性较小的谣言传播学生进行教育引导，使其认清事情真相，避免成为不法分子利用的工具。

（4）加强对学生的正面引导，虽然网络可以自由发声，但是要知法、守法、懂法，不该传的不要传。

四、网络犯罪危机事件的处置

（一）网络犯罪相关知识

1. 网络犯罪的类型

大学生网络犯罪是大学生以计算机网络为平台而实施的犯罪，主要有以下几种类型。

（1）破坏或非法侵入计算机网络信息系统。具体包括未经授权对计算机数据进行增减、篡改和修改；对计算机网络进行攻击，包括利用短时间内发送大量的电子邮件，致使网络系统不能正常工作甚至是瘫痪。

（2）制作和传播计算机病毒。有些大学生利用计算机编程程序进行计算机病毒的编制，或者故意将计算机病毒等恶意破坏性软件或者数据文件进行销售或者传播，致使短时间内计算机病毒的蔓延，这种网络犯罪对计算机网络系统所造成的危害性极大，如2006年出现的熊猫烧香病毒。

（3）非法获得钱财。通过各种手段获取他人银行账号和密码，获取钱财；或者对目前很多软件、网络游戏中账户以及虚拟财产的窃取。这里所说的账户和虚拟财产包括腾讯、MSN等软件中的虚拟货币、网络游戏中的账户和虚拟货币以及其他的电子货币，这些虚拟货币虽然只能在网络上使用，但是依旧属于公民的私有财产，对这些虚拟货币进行窃取，依旧属于犯罪行为。

（4）网络色情犯罪。指利用网络传播或制造色情信息。由于很多大学生社会阅历浅，对各种信息的分辨能力较差，对于一些带有诱惑性的反动信息或者色情信息，很容易就会被吸引进去，甚至进行主动传播或者制作。

2. 导致大学生网络犯罪的原因

大学生之所以走上网络犯罪的道路，主要有以下几方面的原因。

（1）网络自身的特点。因为网络的虚拟性和隐蔽性，借助这个安全保障，大学生的法律意识和道德意识都会降低，容易发生违反道德的行为，如诽谤攻击他人、侵害他人隐私等；网络的开放性造成网上垃圾信息泛滥，助长了大学生的不良思想和行为，黄色、暴力、反动、迷信等垃圾信息很容易使自制力差、网络道德意志薄弱的大学生受到消极影响。

（2）大学生自身的特点。

第一，虚拟的自我实现。有些大学生不能很好地理解自我实现、自我价值的真实含义，往往希望在网络中"大展宏图"。他们为了能展示自己的能力，满足自我实现的需要，有不少制造计算机网络病毒的大学生并不是为了报复社会，而是简单地需要表现自己的计算机水平有多么高超，非法侵入、盗取他人账号或者虚拟财物，其目的也是证明自己有这方面的实力，是一种虚拟的自我实现，而不是单纯的窃取财物。

第二，内心挫败，寻求刺激和宣泄。根据挫折—攻击理论，当个体感受到挫折感时，往往采用攻击的方式进行发泄。当大学生面对内心的挫败感时，网络就成为他们发泄内心挫败感、寻找刺激的一个较为安全的窗口，其中一些自制力差的学生甚至走向犯罪的道路。

第三，爱慕虚荣，贪图钱财。目前，有些大学生之间会进行盲目的经济实力攀比，错误地认为只有经济实力才能证明其在同学、异性乃至整个学校中的地位。于是凭借计算机的隐蔽性特点，充分利用自己的计算机网络技术，寻求非法敛财的方式，从而走上犯罪的道路。

第四，法律意识以及道德意识上的淡薄。我国长期的应试教育过程中，仅仅重视学生的考试能力，而忽视了对学生情感、人格塑造以及社会意识上的培养，导致有些大学生在法律意识以及道德意识上都较为淡薄。例如，有的大学生不认为窃取软件、网络游戏账户或虚拟财产的行为是犯罪，甚至将经营色情网站当作"创业"。

（3）学校、社会等外部因素。学校传统的德育内容和手段相对滞后，网络道德教育还未纳入正常的课程体系，致使大学生网络道德低下。同时，由于我国网络监管还是不够健全和完善，在司法实践中经常会表现为犯罪危害上的延后性和间接性，造成目前很多大学生在网络上放纵自己的行为，抛弃了应有的法治观念和道德观念，从而导致违法犯罪行为的发生。

（二）危机管理

1. 危机预防

（1）正确引导学生使用网络，加强网络法治教育，使其充分认识网络犯罪的严重后果。

（2）将网络道德教育纳入日常思想政治教育和"两课"课程体系，提升大学生网络道德。

（3）加大网络监管力度，建立预警机制。

2. 危机处置

（1）联系警方，协助公安机关破案。

（2）联系家长，告知学生在学校的网络犯罪事宜，并且注意安抚家长情绪。

（3）对受害人进行安抚和疏导，让其尽早走出阴影。

（4）注意保密。对待学生可能不愿意公开信息的事件，一定要在了解学生情况、学生情况记录、事件处置过程等方面进行保密，以免由于事件信息泄露对学生造成不必要的伤害。

3. 危机修复

（1）持续关注学生和受害学生，要求学生家长经常与本人联系，增进沟通和了解，班级干部、寝室室友等都应给予关照，并随时上报。

（2）定期或不定期与学生沟通，及时掌握学生思想动态并做好相关记录。

（3）深入摸排，全面掌握学生动态，不要待事情暴露才去制止。

第四节　高校学生危机事件管理制度的完善

一、加强危机预警

在危机事件处理中，虽然直接应对措施和善后处理工作也是很重要的，但在事件真实发生前就保持足够的警惕，并且能够保证这种预警的准确性也是危机处理的重要事项之一。准确地说，对危机的及时发现和警告正是危机处理的第一环节，如果能做好这一环节的工作，就能够在很大程度上降低危机事件出现的频率及其带来的危害，其预警作用也正是危机预警的根本功效。高校中的危机预警处理系统在新时代可以改进数据收集方法，利用大数据技术广泛收集来源于社会各界的事件和最新动态，从中筛选分析出与高校学生安危最密切相关的事项，并且将这些不稳定因素纳入高校危机管理的重点注意事项中，除了对正在发生的危机能够更快做出应对并采取举措外，对一些潜在的威胁也能够提早发现并将其扼杀在萌芽中。对在预警系统中显示出的不同的危机事件，高校校方要引起高度重视并拿出相应的解决问题的方法，做好针对性预防与整改，尽最大努力保证学生不在危机事件中受到损害。为了全面完善高校危机预警系统，高校应当在这些方面进一步加强工作。

（一）完善信息平台

高校对危机处理工作的重视需要体现在多方面，无论是信息收集系统、平台资源整合、人力资源调整，还是资金调动方面都是需要重视的，而想要做好这些工作最重要的就是要建立完善的资源调度单位，其中的组成人员一般被称为信息员，他们负责对危机预警工作系统做出组织和调度。一方面危机预警工作的重要性对这些信息员的个人能力提出了较高的要求；另一方面危机预警工作针对的是全校的所有学生，所以负责调度和信息传达的人员在数量和分布方面也必须符合要求。例如，在每个班级都设立一个安全员，其负责的工作就是在平时和所有学生加强沟通，而且沟通的内容要具有一定的宽度，包括每个学生在学习过程中遇到的问题和受到的压力、在日常生活中的所作所为以及其中可能给他们带来压力的事项，如对即将毕业的学生可能存在的就业压力的调查等。在沟通中，学生往往不会直接说出类似"我学习好累，感觉压力好大"这样的话，所以这就对信息员的能力有了更高的要求，在看似闲聊的对话中必须深刻把握对方言语的重点，从平常语言中找到其可能存在的心理问题。除了以班级为单位之外，还可以在学生宿舍中建立同样的信息传达网络，每个寝室中都选择一名学生作为信息的收集者和传递者，而且由于室友比起班级中的同学更加无话不谈，通过这种方式收集到的信息往往比前者具有更高的可信度，而且信息来源渠道的拓宽也能让信息更加及时且立体，有助于高校中的教职员工和管理者全面了解学生普遍存在的心理隐患等，能够有效提升高校学生危机管理工作效率。虽然被选择成为信息员的学生一般都具备较高的个人能力，但是这并不意味着其一定是合格的信息员，所以应有的培训是必不可少的，只有根据国家相关部门的管理规定对其做出培训才能将这些学生转化为合格的信息员，和学校一同努力将每个学生的安全作为自己的责任。同时，学生的年龄比较小，对新生事物的接受能力也普遍比教师更强，因此在这个科技发展迅速的时代让学生之间相互监督、相互管理更有好处，他们更加熟悉科技产品的运用，信息员能够更加全面深入地收集同学们在微信朋友圈、微博等平台上发布的信息并挖掘其中的深度信息，对心理问题的把握更加精准。

（二）制定应急预案

高校校园虽然没有社会复杂，但是其中也必然存在很多可能引发学生心理问题的情况，所以针对这些不同的情况必须做出不同的管理预案以全方位保护学生的健康成长。对所有可能对学生造成伤害的情况都必须有充足的准备，完善的危机处理预案能够帮助危机处理人员在面对具体问题的时候有足够的心理预期和处理能力，仔细斟酌对人员的调度、对资源的调度，以及对相关受害人员的安抚与其他人员的奖惩等。按照危机处理事件的步骤划分则可以将其分为人员分配、责任分配、事前预警、危机处理、事后重建等。

（三）加强预案演练

俗话说"光说不练假把式"，同时"实践出真知""实践是检验真理的唯一标准"等思想始终是我们在生活中解决问题时经常考虑并使用的，在高校的学生安全工作方面这些思想观念同样适用，无论在规划过程中安全方案多么完美也不代表在危机真正发生的时候其一定能够奏效，因为理论和现实之间必然存在差异，只有通过反复演练和磨合才能去除掉理论中的理想化因素，让危机处理方案真正能够成为帮助高校师生渡过危机的指导。在危机事件演习中是否能够熟练掌握，要注意学生是否将平时学到的危机处理知识用到实际当中，是否在这个过程中提升了应对危机的知识，具体来讲其中包含了在危机事件中通过沟通获取并传达信息的能力、在危机事件中怎样在确保自身安全的情况下援助他人，特别是在地震、火灾等重大灾害到来的情况下应该如何确保自身的安全。

二、完善决策机制

（一）权力集中

权力集中虽然有违原本的权力分散以求平等的原则，但是在危急时刻只有整合所有的力量与资源才有渡过危机的可能，所以结合具体情况来看也是有实际意义的。高校危机管理工作完全可以借鉴这种形式。例如，在高校中设置专门的危机应对小组，平时其工作在高校的统一管理范围内。一旦发生重大危机，危机应对小组自动取得最高处置权力，这个时候任何其他事务都必须为危机处理工作让道，这样有利于资源的调动统筹以及危机处理效率的提升。同时，为了避免这种权力被滥用或者小题大做，对于何种情况属于重大危机以及什么情况下小组才能获得这种权力都必须有详细的规章制度作为管理依据。

（二）结果优先

不论在面对危机的时候采取什么样的举措，目的都是平安渡过危机并将损失降至最小，因此在充分考虑到危机决策带来的全方位影响的情况下，决策者必须优先考虑决策将会带来的后果，并且以结果为最优先考虑事项，这样才能保证经历危机的对象承担最短时间的危害，并且将危机带来的损失控制在最小范围内。就像权力集中原则一样，在危急时刻其他问题的优先性降低，以结果为中心的决策原则占据重要位置，在危机处理过程中的所作所为要以尽量消除危机带来的危害、降低危机带来的影响为最大目的，保证危机平稳渡过。

（三）短期目标优先

短期目标优先和上述的结果优先相似，但又不完全相同。在对危机工作进行处理的时候可以暂且放下对长远问题的考虑而暂时着眼于短期目标，由于危机的出现是每个人都无法准确预测的，所以在紧急状态下无法马上收集到完整的信息是必然的，根据有限的信息往往也很难深入透彻地看待一个问题，因此在仓促之间就要找到一个万全之策是不现实的，这个时候要做的最重要的就是尽快渡过危机并消弭危机带来的影响。因此，在具体的危机处理工作中千万不要求全责备，而是要迅速了解事件始末并根据危机成因解决危机，在不会造成其他严重损害的情况下，危机工作处理者需要在短期内结束危机，并使影响降到最低为首要要求处理事务。

三、完善控制机制

（一）完善危机处理方案

高校危机的出现是谁都不想看到的，但是一旦危机出现也不能自欺欺人，而是要尽可能降低危机带来的危害，这就对高校危机处理人员的工作能力提出了很高的要求。短时间的全面信息收集是其必须要做到的，将危机事件的始末及其带来的影响和能够从中吸取的经验都总结出来，并作为危机分析的凭证，让危机处理方案不断变得更加科学、系统是危机工作处理者必须要做到的。

（二）各个危机应对小组有良好的配合

高校出现危机的时候通常代表这种危机不会单单降临在某个人身上，而是会成为高校上下所有人必须共同面对的危机，所以安全防治工作也不是一个人的工作，而是需要其中的所有人员共同参与并付出努力的。因此成立危机防御小组并且通过各种理论培训和实战演练加强小组应对危机的能力，以及各个小组之间的协调配合能力是很有必要的。在实践演练当中除了要重视每个小组乃至每名成员的能力，在危机来临之际这些小组还要能够做到忙而不乱、各司其职、信任同伴，只有每个小组都能意识到自己并不是在孤军奋战而是作为整个安全系统的一部分才是危机应对系统发展良好的体现。

（三）处理危机事件要有分明的秩序

忙而不乱对任何事情都是很重要的，所谓"泰山崩于前而色不变，麋鹿兴于左而目不瞬""每临大事有静气"都是此理，因为只有保证内心的平静，并且在事件来临前有足够的准备，才能在事情发生时做出最好的应对，否则即使在危机到来之际竭尽全力可能也不如其他早有准备者井然有序的几道工序有效。在高校危机管理工作的章程中，必须对面临的危机事件的应对工作秩序做出明确规定，保证每名负责处理危机的人员都能做到有理可依，根据事先反复研究、实践过的科学流程处理危机，将危机处理工作有条不紊地推进下去。一方面让其他的日常学习工作等事件为危机处理让路，另一方面也要保证危机事件的处理尽可能快速且有章法，对其他方面的影响降到最低。

四、完善恢复机制

（一）对未直接受伤成员的心理状态加以关注

如果在高校当中危机事件已经不可避免地发生了，那么可以在不会造成后续危机的情况下，将更多的精力投入到对在危机事件中直接受到伤害的学生和未直接受到伤害的学生的关注中。对于前者我们早就有了相关标准流程作为应对，对外在伤势的治疗和对受到创伤后留下的心理问题的安抚都属于高校应尽的职责，但对于那些未曾直接受到伤害的学生可能存在的心理问题却总是被很多人忽视，实际上这些学生虽然未曾受到直接伤害但是其心理遗留问题可能与前者差不多严重。因此，危机后对高校学生进行心理干预的工作绝不能只将重点放在直接受伤害的学生的身上，对未曾直接受伤害的学生的关注同样必不可少，要对两者给予同样程度的耐心和重视，认真挖掘其内心可能存在的隐患并尽最大努力将其消除，舒缓这些学生因为经历了危机事件而存在的心理压力和排解内心的焦虑情绪都是很有必要的。总之，要对直接遭受危机和未直接遭受危机的学生在危机后的心理建设工作中要付出同样的精力。

虽然说对高校危机后的有直接心理创伤和间接心理创伤的学生都要重视，但是在具体的问题处理上对两者可以使用不同的方式，如前者要通过专业人员的一对一心理辅导和心理建设，但是对后者可以先采用更加高效的方式，如开设大型的心理辅导讲座或者播放心理教育影片等方式对于心理问题非常轻微的学生可能已经足够，简单地放松就能让他们的心理情况恢复正常，一对一的心理辅导不但没有太大作用反而可能让他们感到紧张，这就无异于弄巧成拙。更重要的是，学生之间本来就自成一个群体，让学生之间相互聊天、安慰，有时候比旁人的开导更有效。组织心理问题不严重的学生相互交流，通过共情来消除每个学生的恐惧等负面情绪也是高校管理者应该尝试的。

（二）危机后的校园形象维护

高校在经历危机后要重视对学生的心理建设工作，同时为了继续为学生提供学习、成长的良好环境，对校园的重建工作也不能忽视。如果是实质性危机类似于地震等则要采取加强建筑的强度等措施避免后续在同样的危机上栽跟头；如果是更加偏向于心理性的校园危机则要在好好安抚学生的同时尽可能通过媒体或校园文化宣传等手段消除危机给校园带来的消极影响，不让其影响到更多的学生，更不能让好不容易心理康复的学生因此受到二次伤害。

五、完善沟通机制

(一) 与学生的沟通要加强

虽然高校学生在高校当中是学习知识并接受管理的群体，但是并不意味着在人格上学生就要低于高校的工作人员，两者之间应该是一种平等的关系，这种平等不是嘴上说说而是要体现在具体的事务中。一方面，高校教职人员和管理人员平日里不要高高在上，而是要和学生打成一片，将双方之间的沟通作为工作日常，这样才能以一种润物无声的方式建立和学生的深度内心交流，让学生能够以一种习惯性的方式向对方倾吐内心想法，一旦学生的心里存在问题时便能够及早发现，从而将来源于学生心理问题的高校危机扼杀在萌芽状态；另一方面，如果在高校中危机已经不可避免地发生了，那么学校依然要遵循之前的原则将学生当作平等对待的群体，不能试图隐瞒欺骗，而是要以合适的方式将学校中的危机情况以及处理方式等如实告诉学生，在保证学生知情权的同时也能够让学生参与到危机处理当中，最起码保证学生的所作所为不与学校的危机处理工作冲突，提升学校的危机处理效率。

(二) 与学生家长的沟通要加强

与学生家长沟通的重要性不亚于与学生沟通，既然已经说过要将学生当作平等对待的个体并充分尊重其知情权，那么对学生的家长也要持同样的态度，因为家长除了对高校中与学生相关的事务有知情权以外，还有作为学生的监护人将学生托付给学校的信任，为了不辜负这份信任，高校必须与家长进行良好的沟通互动。在和学生家长进行沟通的过程中，高校需要将学生的情况向学生家长如实反映，并且要从家长口中了解到学生的家庭成长环境以及经历等，通过这些信息形成对学生的全方位立体了解，将学生的性格模型更加立体而具象化地呈现出来，这样才能通过根据经验建立起的性格分析模型将学生可能存在的心理问题找出来，尽最大努力保证学生免受危机。如果危机已经发生，校方也要如实向学生家长说明学校经历的危机和学生经历的危机的具体情况，不能为了推卸责任而拖延、谎报，否则只会让危机扩大以及让学生家长失去对学校的信任，只有双方共同了解事情的始末并且共同努力才有希望将危机尽快消弭于无形。

(三) 合理利用社会舆论和媒体导向

社会舆论以及媒体导向从来都是影响一个人或者一个组织的评价和在公众心中形象的重要因素，高校作为一个教书育人、培养学生全面能力的场所，对学生心理建设的重视是必不可少的，所以也要重视社会舆论及媒体对学校的评价和报道，否则学生有可能通过新闻对学校产生不好的看法或者产生不必要的压力。这就要求高校管理者必须处理好与新闻媒体等平台之间的关系，不让一些负面新闻影响到高校学生的心理情况。不论危机发生与否，高校负责与新闻媒体对接的人员都要如实回答问题，除了高校的涉密事务外尽量做到坦诚回答。即使在危机发生后也不能为了高校的颜面强行隐瞒或者削减危机程度，对危机缘由、处理以及后续等都要根据实际情况作答，对学生的信息有选择性地透露，既不谎报也不瞒报，但也要注意学生的个人隐私，绝不能让本就遭受危机的学生进一步承受媒体不必要的打扰。

第七章 | "互联网+"时代下的高校学生管理法制化

第一节　高校学生管理法制化的现状调查

一、高校学生管理法制化的实施形式

（一）高校开展法治教育的形式和内容

1. 高校开展法治教育的形式

高校的法治教育是实现高校学生管理法制化的重要途径，法治国家、法治政府和法治社会的建设都需要有千千万万的法治公民，而高校则成为培养法治公民的重要场域。对于高校而言，在法治教育内容上，应当注重教授学生法治知识、锻炼学生法治意识、培养学生法治情感，使学生养成法治能力等；在法治教育形式上，应当注重形式的多样化和灵活性，应当明白学校仅是法治教育的一个空间，法治教育需要家庭、社会与学校全方位配合，从而形成一个三位一体的法治教育空间，共同承担起对青少年进行法治教育的责任。

例如，西南大学始终把法治教育放在学生培养的重要位置，并积极探索法治教育的长效机制，在法治教育的形式方面积累了丰富和宝贵的经验，主要体现在线上线下的法治宣传、校内和校外结合的法治教育、法律实践形式的多样化等方面。

首先，在法治宣传方面，建立了多元化、立体化、全方位的网络宣传模式，其中包括线上宣传和线下宣传。线上宣传：运用微博、微信等新兴媒体平台配合电视、广播、报纸等传统媒体平台，在互联网平台上制作如《法治中国》微信专刊、《法律职业人》电子杂志、《视界说法》等普法电子文书和普法视频，全面多方位地提高法治教育的宣传力度。线下宣传：成立"法治中国"大学生宣讲团，举办模拟庭审、专题讲座、手绘图片展、普法情景剧等活动，提高师生对法治教育的体会；开展法学专家学者专访、"崇法杯"辩论赛，加深师生对法治教育的认识；给各学院、系部、科室派发"宪法读本"和"法律读物"，使法治学习成为全校性活动，对全校师生的法治意识、公平正义精神的培养具有建设性作用。

其次，在法治教育方面，在建立校内法治教育课程体系的同时也注重校外的公共法治教育。在校内，制定"六五"普法规划和年度普法计划，对教职工和学生定期进行普法教育和普法考试；为实现师生与庭审的"零距离"接触，学校建立起与法院的沟通联系体系，为学校师生提供旁听法院庭审的机会；将"大学生就业法律法规"等课程开设在大学生思想政治理论课和就业指导课中，在理论知识层面提高大学生的法治意识和维权意识。在校外，为培养社会公民遵法、学法、守法、用法的法治意识，利用"12·4 国家宪法日""3·15 国际消费者权益日"等具有法治意义的节日，举办进基层、进社区、进中小学、进看守所等法治教育活动，为法治社会的建立营造良好的法治学习氛围。

最后，在法律实践方面，学校利用多种实用方式方法，在为社会提供法律帮助的同时，加强学生对法律知识的理解与运用。通过网站、微博、微信等互联网通信方式建立"法律援助中心"，为校内外求助者、社会大众提供法律咨询与援助，在社区设立法律咨询处、妇女儿童中心、纠纷调解室，在学校设立法律诊所，为社会大众提供免费法律咨询和诉讼代理：在寒暑假期间开展社会实践活动，鼓励学生作为志愿者深入家乡所在地的乡村、社区，自行开展送法下乡、送法进社区工作，发放普法宣传单，解答群众关心的法律问题、调解法律纠纷，让学生在自我组织活动的过程中巩固法律知识、提高法律运用能力。

2. 高校开展法治教育的内容

从高校开展法治教育的内容上来看，西北政法大学通过多样化的实践活动和系统的理论学习，以建设高水平法治高校和培养卓越法律人才为目标。其法治教育的内容系统连贯、主题明确、理论与实践衔接紧密、系统化程度较高，为高校开展法治教育工作奠定了坚实的基础。

在法治教育内容上，西北政法大学的特色是"弘扬宪法精神"。首先，从学生的精神层面引导学生，让学生产生自觉学习宪法、遵守宪法、弘扬宪法精神的意识，充分体会宪法规范行使国家权力、保障公民权利、保持权力平衡与协调的精神，建立学生对法治社会的信仰。其次，让学生充分理解社会主义核心价值观，以增强学生对中国特色社会主义的理解，加深对依法治国理念的认同，这是法治教育当中非常重要的内容。因为法律是法治社会建设的基础，高校学生是社会建设的主力军，只有学生的法治素养提高，才能引导社会大众对依法治国的支持；而西北政法大学作为教授政法的学校，该校的学生是未来的法律人，所以增强学生的法律素养尤显重要。最后，提高学生对宪法精神的感受。宪法是国家根本大法，是实现依法治国的根本法律支持。只有学生充分感受到宪法精神，才能自觉去践行社会主义核心价值观，并对自身产生一定的要求，从而提高自身的法律素养。西北政法大学以举办宪法宣传教育系列活动的形式将法治精神灌输给学校师生。该校举办了专题讲座、理论研讨会、座谈会等活动，增强学生对宪法精神的理解；举办"弘扬宪法精神、培育法治信仰""依宪执政、依宪治国""依法治国与中国参与国际规划的制定"等专题讲座对宪法进行宣传；在深化学生对宪法认知上，该校举办了法庭辩论赛、模拟审判、现场开庭等活动，让学生零距离接触与宪法有关的事物；在学生实践上，该校举办校内外普法宣讲活动，如"舞动青春力量、绽放普法魅力"的校外普法宣传活动；组织学生走进社区，为居民进行普法宣传，参加陕西省图书馆举办的"第五届陕西省高校青年法律普及宣传日"普法宣传活动，让学生的法律专业知识在实践中得到锻炼；为深化学生对宪法的理解与认知，举办具有学校特色的专题班会、专题征文、学术沙龙等活动，让学生通过运用专业法律知识加深对宪法精神的理解和认同。

法治教育是现代大学建设的生命线，同时也是社会发展潮流的趋势，国家的发展离不开法治，因此在中国特色社会主义和依法治国的背景下，法治教育是高校顺应社会发展而必然实行的教育理念。

（二）高校学生管理民主化的实施形式

高校学生管理民主化是法治高校建设的前提，更是建设现代大学、和谐大学、人文大学的基石。高校学生管理民主化的实施形式是多种多样的，从涉及的主要内容来看主要包括高校规章制度的民主化、管理过程的民主化、管理结果的民主化三方面。学生管理的民主化是为了保障学生的参与权、知情权、表达权、申诉权等基本权利。

1. 制定高校规章制度的民主化

大学章程是建设现代大学制度的载体，是高校教育治理的根本理据，是完善高校学生管理结构和强化高校教学、科研、服务、文化传承四大职能的基础。在高校规章制度民主化方面，高校依据学生管理的现实情况，对现行的规章制度中违背法律法规、不符合学生发展需求的部分进行废除或者修改。首先，高校的规章制度应当以国家的相关法律法规为依据，不得与宪法和法律相违背；其次，对学生管理规章制度的操作程序和实施细则做出清晰和深入的解释；最后，高校设定的任何规章制度不得剥夺大学生的基本权利，严格按照法定程序实施。高校规章制度民主化的实施主要通过对大学章程和学生管理规范的修订和完善来实现。

在大学章程的修订和完善方面，以天津师范大学促进高校学生管理民主化的实施情况为例。天津师范大学为了推动大学章程的修订和完善，建立健全议事程序和规则，从根本上提高高校学生管理的实效性，制定了新的《天津师范大学章程》，新章程的制定注重权力下放和分类管理。同时，天津师范大学根据相关法律法规和学生管理现状，加大了对现行制度规则的立、改、废、释，目的就是消除制度真空，进一步明确学校党委常委会、校长办公会议的议事范围、议事规则，以及讨论决定重大事项的议事决策程序。

大学章程是否能够体现学生管理的民主性决定着学生管理工作民主化是否具有合法性、合理性的依据。天津师范大学为了进一步深化高校学生管理民主化，对大学章程的内容进行了立、改、废、释，在立法上以我国的法律法规为根本依据，在改和废上主要是检验大学章程中是否存在违背宪法、法律和学生发展需求的内容，在释的方面主要是对一些操作性的程序和规范细则做进一步的解释。这些措施都表明学生管理民主化是制定大学章程应遵循的基本原则。

2. 学生管理过程的民主化

高校学生管理过程的民主化是依法治校的重要环节，一方面要以高校的大学章程和管理规范为依据，另一方面要在管理过程中充分尊重和体现学生的参与权、知情权、表达权等。随着我国法制化进程的深入，各个高校逐渐重视学生管理过程的民主化，主要以北京大学学术委员会设定学生委员席位和南开大学的校务公开为例进行评述。

北京大学学术委员会首次设立学生委员席位。学生委员可以代表北京大学学生行使包括讨论决定学位授予标准、审查评定教师职务拟聘人选、受理审查学术不端行为、裁决学术纠纷等在内的职权。同时，北京大学校务委员会、监察委员会也有学生代表参与。从高校学生管理民主化的角度来看，北京大学的做法是非常值得提倡和推广的，学生参与学校管理极大地提高了学生的主动性和责任心，实现和保障了学生的参与权、知情权、表达权等，体现了管理过程的民主化。高校学生管理民主化的关键在于学生是否参与管理，只有学生参与其中才能使管理过程公开透明、民主法治，从而提高学生管理工作的规范性、稳定性和可行性。

3. 学生管理结果处理的民主化

高校学生管理民主化的基本理念是学生的合法权益得到保障、不受侵犯，在受到侵犯后能得到补救和恢复。特别是在学生管理结果处理方面，当对学生实行纪律约束和管教的时候，高校应当尽量避免侵害学生正当权益，保障学生的合法权益。同时，高校要制定一种相应的有效救济机制，严格依照相应的法律法规执行，制定权利救济的相关规章制度和实施程序。由于国家法律法规需要继续完善、校领导班子对权利救济机制认识不到位、学生管理工作者法治素质差、学生权利救济意识差、高校权利救济渠道不通畅等原因，我国高校在学生管理结果处理方面的权利救济机制建设较为缺乏。

高校在学生管理结果处理方面，应当保障学生的基本权利不受侵犯，受到侵犯后能够及时地恢复和补救，这是高校学生管理民主化的最基本要求。

二、高校学生管理中法律纠纷的主要类型

随着我国依法治国方略的逐步实施，依法治校进程也在加快，高等教育领域法律法规不断健全、完善，同时，相比于以往，学生的法律意识也有了很大的提升，学生在自身权利受到侵害时学会了运用法律的武器来保障自身权利。纵观近些年发生的一些高校案例，高校学生在学校侵犯其身体权、健康权，或者对其做出退学处理、开除学籍及不授予毕业证书或学位证书等处分的情况下，学生已经学会通过法律手段维护自身的合法权益，从而不断地促进高校管理的法制化、程序化。

（一）退学处理

近年，高校因各种原因对学生做出退学处理的纠纷案屡有发生。有关"退学处理"这一概念的理解，有学者指出所谓的"退学处理"是指学校对于已经取得入学资格并正常注册的学生，因发生某些特定的情形而取消或终止其学籍的一种管理办法，它可以分为自愿退学和非自愿退学两种情况。这些特定情形主要来自 2017 年 2 月教育部颁布的《普通高等学校学生管理规定》，该规定在第三章第五节"退学"中的第三十条介绍了退学的几种情形，分别是："学业成绩未达到学校要求或者在学校规定的学习年限内未完成学业的；休学、保留学籍期满，在学校规定期限内未提出复学申请或者申请复学经复查不合格的；根据学校指定医院诊断，患有疾病或者意外伤残不能继续在校学习的；未经批准连续两周未参加学校规定的教学活动的；超过学校规定期限未注册而又未履行暂缓注册手续的；学校规定的不能完成学业，应予退学的其他情形。学生本人申请退学的，经学校审核同意后，办理退学手续"。从以上条款可以看出，前几条都是非自愿退学，只有最后一条是自己主动申请退学。也有学者认为，"退学处理"是指学校依照相关制度，包括学校的内部规定，而对本校学生作出退学处理决定的行为。高校根据自身的情况制定自己的规章制度，特别是国家大力推进依法治国、依法治校以来，高校的各项事业逐步走向法制化的轨道。教育部颁布的《高等学校章程制定暂行办法》专门对高校章程的建设工作作出了具体要求，对于高校的法治管理起到了重要的作用。例如，2014 年 7 月经教育部审议通过的《浙江大学章程》，章程第五十二条规定"学生在规定的学习年限内，修满规定的学分，符合相应条件的，准予毕业，并依照规定的程序授予相应的学位。如不符合毕业条件，可按照规定以肄业、结业、退学等处理"。

当学生在课程要求、未请假离校、疾病、复学等方面违反学校规定时，往往面临学校的退学处理。退学制度虽然没有放到高校的处分一章，但是退学处理对学生的影响仍然是很大的，它意味着学生不能继续在校学习，更不能获得学校颁发的毕业证书、学位证书。从这个意义上来讲，它具有一定的惩戒性。在高校对学生作出退学处理这一决定的情形中，只有学生申请退学这一情况是出自学生主动自愿的，其他的情形都是学生被动地接受学校的处理。

（二）开除学籍

《普通高等学校学生管理规定》的第九条规定，"学校应当在报到时对新生入学资格进行初步审查，审查合格的办理入学手续，予以注册学籍；审查发现新生的录取通知、考生信息等证明材料，与本人实际情况不符，或者有其他违反国家招生考试规定情形的，取消入学资格。"学籍是学生隶属于某一学校的标志，从法律意义的视角上来看学生的学籍就是其在某一学校的资格或身份。开除学籍就意味着学生丧失了在某一学校继续学习的资格，它是高校根据相关法律法规以及校规校纪的规定，当学生的行为符合可以给予开除学籍的情形时，作出的一种惩罚性的处分。规定的第五十二条明确了高校可以对学生作出开除学籍处分的8种情形，这些规定基本是一些原则性的观点，高校可以依据这些规定再结合自己的具体情况制定有关开除学籍处分的情形。但是，高校在对开除学籍这一问题的规定上往往存在以下问题，如实体规范方面存在缺陷，对学生的处罚往往重于规定，高校缺少对开除学籍监督的程序制度，缺乏对学生权益的保护。

高等学校是否拥有开除学生学籍的权力一直是学界争论的焦点，有学者认为，开除学籍是教育行政机关的具体行政行为，表现为教育行政机关的学籍管理活动，同时学籍又是具有合同性质的民事行为，是在学生与学校之间双方意思表示一致、真实情况下通过自愿注册形成的教育合同关系；而开除是行政机关内部的一种最为严厉的行政行为，具有明显的隶属型特征，因此，行使开除权的主体必须是行政机关或者是能够行使行政权的单位。

（三）不授予毕业证书、学位证书

高等学校依照相关的法律法规及法定程序享有对学生颁发毕业证书、学位证书的权力，这项权力主要来自《中华人民共和国教育法》《中华人民共和国学位条例暂行实施办法》《普通高等学校学生管理规定》。

此外，高校学生人身伤害事故纠纷也是高校学生管理工作中常见的法律纠纷，但与其他纠纷不同的是，人身伤害事故纠纷具有较为复杂的情形，难以用办学自主权这一语境统领。随着高校学生管理工作法制化的推进，高校学生人身伤害事故也逐渐进入法制化运行轨道。

第二节　高校学生管理法制化存在的问题

一、以章程为核心的校内规范体系的建设和运行存在缺陷

第一，章程内容雷同，落实情况不理想。各高校章程有同质化倾向，无法充分反映每所高校的办学特色和目标追求。章程在办学过程中也往往不能切实发挥作用，各高校依章程治校的思维习惯和工作习惯尚未形成。

第二，校内规范体系仍存在"无法可依"的情况。尤其是人事、财务、科研、教学以及学术委员会等重要管理领域，仍存在无法可依的情况，学校管理凭经验而不是凭制度的现象依然存在。

第三，部分校内规范体系落后。部分学校尚未形成依法治校的工作习惯和校园氛围，已有的校内规范长期得不到修订、更新，有些规范长期备而不用，无从发挥依法治校的效能。

第四，部分校内规范缺乏程序性规定，规范可操作性不强，执行情况不理想。"重实体、轻程序"是我国高校校内规范体系的一大缺陷，部分校内规范缺乏细致、合理的操作程序。

第五，校内规范体系建设规划明显缺位，重点立法领域不够科学。人事、财务、科研和教学是学校内部管理的核心领域，也是各类利益冲突、矛盾汇集的领域。一方面，受制于外部法律和政策，校内规范难以实现科学、合理的目标；另一方面，由于校内立法机制不健全、利益表达渠道不畅通、权力监督机制不完善，学校在这些重点领域的规范建设活动往往也随意，甚至造成利益失衡和目的与手段的背离。

第六，高校校内规范制度表达精细化、准确化程度有待提高，立法质量整体水平有待提升。校内规范的立法技术有待完善，职能部门缺乏专业支持，学校法律顾问或专业教师未能在校内规范设置上发挥应有的作用。

二、高校内部治理结构有待优化，依法决策缺乏制度保障

第一，党委领导下的校长负责制仍需进一步完善，党委与校长的权责分工与沟通协调机制需要更加明确的制度安排。虽然《关于坚持和完善普通高等学校党委领导下的校长负责制的实施意见》对书记、校长工作分工做出了较为完备的安排，但随着形势的变化，中央对党委和党委书记的地位和职权又有了新的界定。在实践中，毫不动摇地坚持党的领导是社会主义大学的基本办学方向。按照中央最新文件精神，将党委、党委书记和校长的职权分工制度化是当

务之急。

第二，学术权力与行政权力的分工合作机制并未真正形成，学术权力在高校治理中的地位不高、作用不明显，学术委员会的运行与制度设计仍有较大差距。教育部在2014年就发布了《高等学校学术委员会规程》，并要求全国高校对照教育部规程，制定、修改、完善各自的学术委员会章程，强调问题仍在于落实。在学术委员会的职权设置上，应突出教授治学的基本理念，将学术委员会的主要职能定位在重大学术事务的决策和咨询上。在学术委员会委员的遴选标准上，应坚持德才兼备，强调学术委员会委员不仅要具有崇高的道德品质和高深的学术造诣，还应具备依法履职的能力，热心公共事务，为人正直诚恳。在学术委员会议事规则的设计上，应突出程序规则的地位，使学术委员会的运作既富有效率，又能防止权力滥用和不作为。

第三，学院等二级机构的依法治理较为薄弱。长期以来，我们对学校层面的依法治理给予了较多的关注，对二级学院这一层级的依法治理却疏于研究。二级学院的依法治理虽然与依法治校有相通之处，但绝不是学校层面依法治理的简单翻版。二级学院依法治理在坚持党的领导的基础上，应更多地强调自治色彩和民主色彩，党政联席会、教授委员会、学术委员会、教职工代表大会等都应在学院的治理中发挥主体作用。

第四，职能部门的权限界定和依法管理存在缺陷，是高校依法治校的薄弱环节。依法治校的核心在于依法治权，即规范行政管理权力的运作。应在学校章程以及其他规范性文件中，对各职能部门的职责权限加以明确列举，开列权力"正面清单"，"法无授权不可为"应成为各职能部门的工作准则，从而有效避免权力滥用和权力寻租。同时，还应强化监督考核，规范管理绩效评价，防止懒政、怠政。

第五，高校法治监督体系仍未建立健全，高校内部治理如何依法行使监督权，监督权如何高质量得到实施需要进一步探讨。在学校治理问题上，要解决建立健全权力监督体系的问题。在实践中，纪委、学术委员会、教代会等都发挥着部分监督职能。未来的发展方向是强化民主监督的职能，赋予学术委员会、教代会等机构更大的、更加明确的监督职权，使其成为与纪检部门等建制化的监督力量并存的民间监督力量。

第六，学生自治权利和学校管理权力的边界需进一步明确，并应提出相应的制度设计。依法治校不能忽视学生的地位和作用，应改革以学生会为代表的学生自治团体，切实纠正其机关化、行政化、娱乐化等不良倾向，使其真正成为依法表达学生诉求、正确处理学生事务、监督学校权力运作的有益力量。

三、师生权益救济体系仍不健全，运行效果不理想

第一，校内管理规则在规范体系、程序设计、救济效果等方面仍存在不足，有待完善。首先，应完善校内法规体系，避免出现明显的法律调整漏洞；其次，完善立法程序，强调科学立法和民主立法，力求保证校内规范公平合理；最后，应注重校内规范的程序设计，以程序正义保障实体正义。

第二，申诉、起诉等校外救济方式运行效率较低，救济效果较差，公信力不足。应将制度化程度较低的申诉程序尽可能提升为行政复议程序，强化制度保障，提高申诉、复议的权威性和公信力。建议最高人民法院针对高校维权纠纷等问题出台专门司法解释，完善涉及高等教育行政纠纷、民事纠纷的司法政策体系，提高纠纷处理质量，增强人民群众在此类案件中对司法公正的获得感。

第三，教师和学生的权利、义务边界需要进一步明确。现行《中华人民共和国教育法》《中华人民共和国高等教育法》和《中华人民共和国教师法》其实都没有对教师的权利和义务进行真正的界定，更多的是从行政管理的角度加以规范，现行法律体系对于学生的权利和义务有所忽视。然而，教师和学生也是依法治校活动的重要参与者，是办学活动的主体之一，所以高校管理者必须全面、合理地界定教师、学生的权利和义务，完善高校内部法律关系，并在此基础上为修订教育法、制定学校法提供理论依据。

四、教育行政主管部门在依法管理、简政放权方面仍存在"短板"

（一）存在的老问题

第一，管理缺乏科学性，考核、评估体系设计不合理。教育行政部门应贯彻中央简政放权的基本要求，正确理解"管""放"结合的应有内涵。"管"，应主要立足于管战略、管组织、管规范等方面；"放"，则应体现在人事政策、财务政策、科研政策、教学政策等方面。其核心还是授予学校充分的办学自主权，政府管的目的不是包办代替，也不是事无巨细地指导督促，而应是保障和规范。

第二，名为依法管理，但规则设计落后，重单向管理、轻协商管理，重管理效率、轻管理效果。转变政府职能应体现为转变政府管理的方式方法。对话磋商是现代社会有效的治理方式之一，甚至被誉为后现代社会的主要特征之一。应改革教育行政部门的决策机制，使对话磋商成为决策过程中的核心程序；应改革教育行政部门的管理方式，强调目的与手段之间的比例原则，强调管理效果的科学性与合理性。

（二）存在的新问题

第一，管理监督不到位。在强化体制内监督问责的同时，应加大高校以及社会力量对教育行政部门的监督力度，特别应授予并保障高校依法监督教育行政部门的权力，设置高校权利救济的法律途径。通过修改教育法、高等教育法以及制定学校法，进一步明确教育行政部门的法定权限和责任，完善权力监督机制。

第二，依法治校需适应新时期高校学生、教师的特点，尤其要关注网络时代背景下依法治校工作的新趋势和新特点。互联网时代呈现出大数据、信息共享、检索便捷等特点，依法治校应利用大数据等先进技术手段和社会观念，为提高学校依法治理水平提供新的工具。大数据应成为修订法律、规范性文件的重要参考，也应成为教育行政部门和学校科学决策的重要依据。

五、依法治校法律法规体系不健全，若干关键法律法规长期缺位

第一，国家法律层面：学校法和大学法应尽早出台。国家虽然早已制定《中华人民共和国教育法》和《中华人民共和国高等教育法》，但基本上仍属于行政法律，是国家管理教育活动的基本法律规范。学校法和大学法是典型的组织法和行为法的结合，既规定各类学校的组织规则、内部治理结构，又规范各类学校的办学行为，规定学校治理体系中各类主体的主要权利、义务和责任，其地位和作用是《中华人民共和国教育法》《中华人民共和国高等教育法》无法取代的。应该说，学校法和大学法是高校依法治校的基本依据，而《中华人民共和国教育法》和《中华人民共和国高等教育法》更多的是教育行政部门管理教育活动的基本依据，两者的功能定位完全不同。

第二，地方性法规、规章和规范性文件层面：以上海市为例，上海市争做改革开放排头兵、创新发展的先行者，作为全国教育综合改革试点，打造全球科创中心，先行先试，制度创新，上海市应有所作为，总结本土经验，对标世界一流大学，探索高校依法治校规律，适时出台相应的规范性文件甚至地方性法规。上海作为国家教育综合改革的试点地区，应在规范依法治校方面有所作为。现阶段比较可行的做法是，以市教委规范性文件的形式，在总体上对高校依法治校活动加以规范，并辅之以必要的评估、检查，力求形成一套可复制、可推广的规范高校依法治校的制度体系和经验做法。

第三，高校内部应当出台规范化体系清单，以清单为基础，该立法的必须立法，必须依据程序立法。不应当涉足的不干涉、不参与，维护相关领域的自治健康发展。学校内部应建立行政权力和学术权力正面清单制度，确保权力运作有章可循，既不越界，又避免不作为。

六、依法治校的法律责任体系严重缺失，依法治校缺乏有力的法律约束

第一，学校及其管理者违反依法治校相关规定应承担的法律责任。由于学校法和大学法缺位，我国目前没有真正意义上的学校及其管理者的法律责任体系。当前，更多的是依靠党纪、政纪约束，缺乏法律约束。

第二，教育行政部门应承担的法律责任。《中华人民共和国教育法》和《中华人民共和国高等教育法》对教育行政部门在依法治校方面的责任缺乏相应的规定，致使教育行政部门在依法治校方面主体责任不明确。

第三，教师和学生违反相关规范性法律文件的规定应当承担的法律责任。应将教师和学生放到依法治校主体之一的地位上考虑其法律责任的设置。《中华人民共和国教师法》虽然有对教师责任的规定，但仍将教师作为教育工作者的个体加以看待，而对学生的责任更是缺乏系统的思考和规划。

第四，处罚的类别、方式与程度应当明文规定，一事不再罚。无论国家法律、法规，还是学校内部规范性文件，均应对各类处罚措施加以明确规定，确保处罚措施设置的科学性、必要性和合理性，坚决杜绝各类违背法治原则和时代精神的处罚措施。规范处罚措施设置的论证程序和立法程序，确保管理对象知情同意和利益表达机制的合理性。

第五，承担法律责任者的申诉机制和权威机构的裁判制度。应强化权利救济理念和制度，强化程序保障，确保依法治校各相关主体都有充分且有效的救济机制。要突出司法救济的地位和作用，以司法权威助力依法治校目标的实现。

第三节 依法治校背景下高校学生教育管理的法制化路径

一、依法治校基本理论

(一)依法治校概述

依法治校是依法治国的重要组成部分。高校开展依法治校建设，是遵循全面依法治国的任务，也是建设现代化大学制度的关键。《国家中长期教育改革和发展规划纲要（2010—2020年）》在面向全社会征求意见时明确提出，要大力推进依法治校，学校要建立符合法律规定的学校章程和制度，依法履行教育教学和管理职责。应该说，这个规划对于建设现代学校制度，扩大高校办学自主权，实现高校管理现代化具有重要的意义。要依法治校，首先要明白何谓依

法治校。依法治校，从字面上理解就是依据法律治理学校。这里有两个关键词"法律"和"治理"。理解依法治校的概念，应当从这两个词入手，这样才能更加准确地把握概念的内涵。

1. 依法治校之"法律"

依法治校的第一要务是厘定"法律"之边界。"法律"就是大学所遵循、遵照、依据的规则，从字面上讲，它包括我国的宪法、法律、行政法规、自治条例和单行条例、规章。从广义讲，除了上述形式之外，大学依法治校还要遵循党和国家制定的各项方针政策，政府主管部门发布的针对高校的规范性文件以及大学依据政策和法律结合自身实际制定的自治规范。依法治校可以采用广义的概念，即遵循所有涉及高校治理的规范性文件。国家制定的法律、行政法规，党和国家的政策、纪律，学校内部管理规章都属于广义的法律的范畴。界定了法律的范畴，我们就可以根据不同的标准对它们进行分类，这样便于我们更好地理解依法治校中法律的内涵与架构。

从法律的调整层面来分类，可以将法律分为纵向（外部）法律和横向（内部）法律。纵向（外部）法律是指将高校视为主体，规范高校与其他社会主体交互行为的规范性法律文件。大学在法律上是一个独立法人，能够享有权利、承担义务。高校在参与各类社会活动时，必须遵守各类法律规范的规定。如高校的买卖行为要遵守《中华人民共和国民法典》，授予学位时要遵守《中华人民共和国学位条例暂行实施办法》，使用不动产时要遵守《中华人民共和国民法典》等。调整高校民事、行政法律关系的法律规范，就是纵向（外部）法律体系。横向（内部）法律是指高校作为组织化主体处理内部事务的相关规范。高校是一个聚合而成的组织化实体，内部存在各类社会关系。根据主体来划分，存在教师、学生和相关人员三类主体。根据资源来划分，可以分为人力资源、财政资源和物质资源。高校内部的社会关系，主要建立在这六大元素之上。例如，教师职称评定涉及教师之间的关系和人力资源关系，教授授课的规范涉及教师和学生之间的关系，教师的工资待遇涉及财政资源关系。虽然高校内部只有三类主体和三类基本资源，但这六大元素之间的关系错综复杂，并且是影响高校发展的主要内部动因。因此，为了使主体和资源能够更加科学地协同，需要制定一系列规范性文件。这些规范性文件以及上级部门对高校内部治理的要求和规则，就是横向（内部）法律体系。

从法律的效果来分类，可以分为强制性法律体系和倡导性法律体系。强制性法律体系是指针对高校办学活动中违法行为规定强制性后果的法律，如《中华人民共和国民法典》《中华人民共和国行政处罚法》等民事、行政法律以及其他地方性、行业性法律、法规。倡导性法律体系是指只提出高校办学的基本原则和导向，但没有规定具体的法律后果的规范性文件体系。这一类法律规范见于各类法律、法规、政策、规定等，很多高校内部治理规范都可以列入这一类法律体系。

从法律体系的内容来分类，可以分为实体性法律和程序性法律。实体性法律是指对高校办学过程中对各类事务进行规定的规范性法律体系，这些内容包括经济类活动、管理类活动、服务类活动、研究类活动等。实体性法律规定是高校依法治校的基础，没有实体性规定，就没有明确的权利、义务关系，高校办学和运作就容易陷入混乱。程序性法律是指规定高校办学和运营过程中各行为步骤的规范性文件体系，如高校处罚学生的程序、高校购置设备的程序、高校授予学位的程序等。这些活动都有比较复杂的过程，其中含有一些风险，因此需要制定程序性规定予以保障。通过实体性法律和程序性法律的协同，高校的办学活动才能顺利开展。

2. 依法治校之"治理"

"治理"可以表征过程，即依法推进民主、科学并规范管理的过程和行为；也可以表征结果和状态，即一种管理权力得到科学合理的规范，师生权利得到有效保护，民主得到充分发扬的自由与秩序的和谐统一的法治状态。高校治理的内涵丰富，可以对外，也可以对内。"治"不是管治，更不能将其与处罚画等号，治理更多的是一种组织、协调，使高校各方主体的权益得到保障，发展得到支持。高校治理是一项综合性工作，需要对不同主体的权益进行权衡。权衡需要作判断，做判断需要依据，这里的依据，就是法律。

依法治校，核心在治，基础在法。只有依据法律去协调、组织、服务、管理，才能使各方主体都认同、服从。治理必然会涉及利益，在多数情况下，治理的结果可能是使权力得到配置，或使权力得到约束。不论前者还是后者，都是一项复杂的工作，并且涉及权益。"治理"的概念在20世纪90年代兴起于公共管理领域。全球治理委员会在1995年对"治理"做出如下界定：治理是或公或私的个人和机构经营管理相同事务的诸多方式的总和。它是使相互冲突或不同的利益得以调和并且采取联合行动的持续的过程，包括有权要求人们遵守正式机构的规章制度，以及服从种种非正式安排。只有将明确的规范性法律文件作为依据，而不是凭借领导者的指令做出的治理，才能够保障最大的公平，维护大多数群体的利益。因此，高校治理必须和法律紧密结合，科学治理必须以法律为依凭。

通过对依法治校的两个关键词的对比分析，我们简要梳理出"依法治校"这一概念的应用领域，根据概念在相关领域的使用，形成一个相对确定的概念。本书认为，依法治校是指在法律基础上，调整政府与学校、市场与学校、社会与学校以及学校自身权利、义务关系的综合性的统筹、协调、管理、服务过程，以法律为依据，保障各方主体的权益和发展空间。通过依法治校，完善学校各项民主管理制度，实现学校管理与运行的制度化、规范化和程序化，依法保障学校、教师、学生的合法权益，形成教育行政部门依法行政，学校依法自主办学、依法接受监督的格局。

(二)"依法治校"与相近、相关概念的比较

"依法治校"是一个内涵比较丰富的概念。要准确把握这一概念，必须将其与相关概念进行比较，从而把握依法治校的本质特征。

1."依法治校"和"以法治校"

"依法治校"和"以法治校"一字之差，意义却相差甚远。"以法治校"侧重将法律视为工具，仅仅是利用法律达到目的，以功利主义视角看待法律在治理学校中的地位。治理学校的工具不仅仅有法律，人的权威、利益等都可以作为治理学校的工具。因此，"以法治校"虽然体现了法治精神，但没有很充分地予以表达，只是消极地运用法律来管治学校。"依法治校"则把法律作为管理学校的依据和最高权威，即作为管理者要体现的一种法治精神，表现在学校管理中为能动地开展依法育人、依法管理，这样才能将"依法治校"与"以德立校"更有机地在实践中进行融合。

2."依法治校"和"以罚治校"

把依法治校理解为"以罚治校"，则片面夸大了法律的惩戒功能。法律除了具有惩罚、警戒、预防违法行为的功能外，还有评价、指导、预测人们行为，保护、奖励合法行为以及进行思想教育等基本功能。实施依法治校，不能仅注重法律的惩罚功能，而忽视法律的其他功能。从"以罚治校"或"以罚代管"的认识出发来理解依法治校，则是对依法治校的曲解，会对依法治校工作形成误导，应当予以纠正。

二、高校学生教育管理的法制化路径

(一)以章程为核心构建校内法治建设体系

1.提高章程制定及实施质量

现代高校章程作为界定政府权力、高校自治权力的基本依据，其作用至关重要，依章治校也是依法治校的基本依据。提高章程建设的水平，对提高依法治校的质量具有关键的作用。本书认为，应当从章程的制定及实施两方面入手，解决章程建设中存在的问题。

(1)切实提高章程制定的质量。提高章程制定的质量，必须在理念和意识层面提高对这一工作的重视。高等学校应当遵照相关要求，安排专门人员牵头执行章程的制定工作，通过充分调研、科学论证等环节，确保章程制定得合理、科学、合规。此外，上级主管部门要加强业务指导，加大督促力度，使高校在态度上正视、重视这一工作。只有出台一部立意高远、内容科学的系统章程，依章治校、依法治校才能有一个比较稳固的基础。

（2）创新体制机制，提升章程实施的质量。"徒法不足以自行"，法律再细致，归根结底要靠人去遵守和实施。《中央部委所属高等学校章程建设行动计划（2013—2015年)》提出，要进一步加强章程核准后的执行机制建设。教育部及有关主管部门要会同高校建立健全章程执行机制，形成高校依据章程自主办学、主管部门对章程执行情况进行监督的新格局。应当从上级和学校两个层面加强章程的执行。上级出台相关管理办法，对执行不力的问题予以追责。学校应当设立监督主体，通过及时有效的监督提高章程执行水平。完善组织机构和民主监督，通过充分发挥上级监督、同级监督的优势，使章程的实施质量得到关注，提高实施的水平。

（3）提高章程与依法治校的协同度。章程作为高校的根本性规定，必须与依法治校紧密结合。依法治校是依章治校的细化和延伸，两者的协同度越高，依法治校的质量就越高。改进章程的制定和实施，必须加强与依法治校的互动和协同，只有在各方面都能做到规范化管理和服务，才能更好地贯彻落实章程的理念和原则，彰显章程的作用和意义。只有不断强化章程权威，才能使高校管理各方主体对章程形成认同和信赖，自觉遵守和践行章程，使章程的目标和追求在每个高校建设参与者的行为中得到体现和贯彻。

2. 提高规范体系制定水平

规范体系建设是学校内部管理机制的重要表现形式。管理机制是指管理体系的结构及其运行原理，属于学校制度系统的重要组成部分。建章立制应当注意两个问题：一是制度的质量，二是制度的执行。这一点和章程的建设是相同的，区别在于规范体系制定内容较多，需要注意的方面更多，很多问题也更加难以把握。结合目前高校规范体系建设中的问题，本书认为应当从规范体系的顶层设计、落实和功能三个方面入手进行优化。

（1）改进顶层设计，提高校内规范体系规划的科学性和实用性。要从规范体系的顶层设计入手，完善规范建设，首先必须研究规范制定的规划和布局。规范的规划通常是指根据上级的方针政策、学校自身的发展水平，在科学预测的基础上做出的规划目标、措施和步骤等的设想和安排。做好规范体系的规划是提高规范体系建设科学性的重要举措，应当将其作为学校常规工作的重点来抓，建立学校规范制定的常态机制，每年都要调研、论证、听取意见、正式发文公布和明确制定规范性文件。在重视规划科学性的同时，也要重视规范制定的实用性。应当通过多种途径不断强化规范的实用性和执行性。一要使规范制定之后清晰明白，具备较强的可操作性；二要使规范符合其规制领域的具体情况；三要安排专人负责起草、把关；四要建立梳理机制，定期梳理学校发文的相关规范，及时删、改、废相关规定，使校内规范体系始终符合学校工作的具体情况和发展趋势。在制定高校规范体系时，我们应当时刻将规范体系作用的对象考虑在内，时刻使规范能够为人所知、为人所用，不断改进和完善表述，使校内规范的制定能够更好地得到实施。

（2）完善校内规范的落实和责任机制。规范制定之后，必须紧跟落实。只有落实在行动上的规范才是真正有效力的规范。当前，很多高校虽然也建立了比较系统完备的规范体系，但违纪违规甚至违法行为仍然出现，一些重点领域还接连不断出现问题。这一现象告诉我们，进一步强化规范的落实，其根本出发点在于责任追究机制。当前，国内高校的规范体系很少提及责任的追究和分配，只是一味强调应当如何，却不提如果违规违纪应当承担何种后果。没有强制性的法律如同一纸空文。当违规不需要付出代价的时候，违规的低成本将引起更多的不当行为。我们应当在责任追究机制上下功夫，研究如何完善体制，使违规行为接受制裁，付出代价。这样才能提高规范的震慑力，从而引导各方主体服从规范的指引。

（3）利用绩效导向，加强规范体系的实践和创新。规范应当奖罚分明，这样才能形成科学全面的激励机制。从目前高校建设的发展方向来看，立足于绩效考核的评价体系已经逐步成为引领高校发展的重要指标。从绩效出发，设计能够使高等教育资源投入获得最大化效益的制度规范，是下一步高校规范体系的主要发展方向。我们制定规范，一是为了防范内部冲突矛盾，二是为了提高学校发展质量。不断完善和发展规范体系，使规范体系成为提升学校整体绩效的依托和保证，是建设校内规范体系的关键目标。

3. 提高高校治理主体的法治意识

高校依法治校，首先要求治理主体具备较强的法治意识和科学的法治理念。学校的管理者应带头学法，自觉增强法律意识。只有管理者的法治意识提高了，才能正确地制定和执行学校的各项规章制度。因此，我们应当注重对高校领导，也就是高校治理者的法治教育、法治引导和法治宣传，坚定治理者的法治信念使他们主动践行法治，那么依法治校就可以走得更加稳健。

（1）加强法治教育。法治教育不能流于形式，要真正起到作用。高校管理者可以通过多种方式在多个场合开展教育，学校应当建立法治学习机制，定期学习相关法律知识；邀请司法机关负责人员、高校法学专业教师、律师事务所律师等来校讲解，分享最新的法治动向和发展趋势。学校领导在进行学习之后，要活学活用，组织分管领域开展法治学习活动，营造较为浓厚的学习法律、理解法律、应用法律、信仰法律的氛围。通过学法，使依法治校成为学校领导管理学校的基本方式。

（2）加强对高校领导的法治引导。上级主管部门应当出台一系列制度和政策，引导高校领导班子始终遵循法治引导，各项工作只有依法开展才能顺利实现目标。建立健全法治建设考评机制，对在法治建设过程中成绩突出的高校进行奖励，对法治建设工作不到位的高校应当进行督促和批评。司法机关以及律师事务所等其他法律服务主体也应当加强对高校法治建设的推动工作，着力推动司法机关和高校共建。尤其要推动高校法律顾问制度的建立，使高校领导意识到法治的意义和作用，同时敬畏法律、遵循法律，避免因不懂法、不守法而产生问题。

（3）进一步加强法治宣传。上级主管部门、相关主管部门和高校自身都应当注重法治宣传，通过多种多样的形式将法治信息和法治思想及时充分地传达给高校领导。法治宣传应当全方位全覆盖、扎扎实实做好，认认真真推进。通过不断地宣传，使基本规范成为朗朗上口、耳熟能详的依据，使法律责任成为高校领导铭记在心的底线。借用法治宣传的平台，让高校领导沉浸在法治建设的大环境和大背景中，从而影响、引导他们坚定法治信仰，习惯用法治手段和方法解决高校办学中的问题，习惯主动用法治模式来管理自己的公务行为，提高高校领导的法治领导力和法治执行力。

（二）完善高校内部治理结构

1. 健全领导体制，完善党委领导下的校长负责制

党委领导下的校长负责制是中国特色社会主义高等教育体制的基础，是坚持社会主义办学方向、全面贯彻党的教育方针的根本保障，是体现"集体领导、民主决策、科学执政"的核心制度设计，也是我国大学制度得以区别于西方大学制度的重要因素。只有坚持党委领导下的校长负责制，充分发挥党委在高校办学工作中的政治领导作用，使党委、校长各司其职、各负其责，才能使高校各方面工作获得更大的发展。

首先，要制定行之有效的党委领导下的校长负责制实施细则，明确规定党政职权划分、班子成员权力范围、党政和行政议事的规则和决策程序等。其次，要特别重视厘清党委和校长的关系，做到党委和校长定位明确、互相依存、各有侧重，党委领导重在决策，校长负责重在执行。最后，要特别处理好党委书记和党委的关系，真正做到民主集中、集体领导；要特别处理好党委书记和校长的关系，真正做到密切配合，正确履职。

2. 理顺权力运行，建立完善的行政权力与学术权力分工协作机制

首先，要完善制度，理顺行政权力和学术权力的关系，明确两者的边界。各高校应该在职权范围内根据相关法律法规的赋权，制定详细的规章制度。在充分尊重校情和实际的情况下，应尽可能地做到详尽，使规章制度具有较大的刚性、较小的弹性和较高的可操作性。根据规章制度构建责任清楚、分工明确、权限边界清晰的构成体系，行政的归行政，学术的归学术，以规范权力的运行，减少权力的冲突。

其次，解决学术权力泛化的问题要确立"以学术权力为主、以行政权力为辅"的高校管理理念，建立以学术权力为主导的学术管理运行机制。第一，要落实高校办学自主权，减少外部行政干预。高校办学自主权的核心实际上是学术自治，没有办学自主权的学术权力都是无源之水、无本之木，不能长久和持续。第二，在高校内部要将有关学术事务的决策权向学术管理机构流动，使学者在学术领域内行使其决定权，明确学术权力的权威，确立以学术权力为主导的权力机制。第三，要在学术主体配置、学术活动管理、学术组织建构、学术成果评定等方面建立起配套机制来保障学术权力的顺利运行。

再次，行政权力和学术权力要相互尊重。行政人员要充分尊重学者、专家的意见，在行使权力的时候多吸取不同的见解和观点，使得决策更科学，在执行时才能避免与学术权力的冲突，更容易收到成效。同时，学者、专家也要尊重行政权力，成熟的行政运转体系有助于专家、教授在自己熟悉的领域集中精力进行科学研究。目前，许多高校都在致力于管理队伍和机构的专业化和职业化，其对外部事务、内部事务的处理能力，以及所做决策的科学性都在不断提高，学术权力应该给予行政权力应有的尊重，才能有效保障学术权力的实现。

最后，要建立配套机制，实现学术权力和行政权力相互制约。只有学术权力与行政权力相互补充、相互制约，才能促进高校的健康发展。在高校中如果行政权力过大，便会助长官僚主义，进而削弱学术权力，限制学术自由发展，压制教授群体的积极性和创造性；如果学术权力过大，容易形成学术领域垄断，滋生学术腐败，过分强调学术权力会削弱统一意志，助长分散主义。建立权力制约监督机制的目的就在于防止权力的滥用和腐败的产生。目前，高校权力制约的制度不够完善、执行不够有力，缺乏严格程序，操作性不强，应该建立完善的机制体制，大胆创新，如建立独立的监督机构监督权力的运行。

3. 实现重心下移，建立结构清晰、张弛有度的纵向治理体系

学校要认真分析自身结构和特点，来确定是否需要实行二级管理，以及采取何种模式的二级管理。无论其采取何种模式，重心下移都是现代高校改革的主要趋势，应该以此为支撑建立起科学合理的纵向治理体系。

　　首先，在"人权"方面，可以将人事权赋予二级学院，使二级学院能够享有用人自主权，这是推动二级学院建设的有力举措。二级学院立足于专业性和系统性，内部同样有着完整的管理结构，具备选人用人的能力，给予其充分的人事权，能够更好地发挥二级学院办学的积极性和主动性，提高办学水平。

　　其次，在"事权"方面，可以将权力适当下放。学校具有学术权力和行政权力，但由于学校是一个复杂的科层制单位，学术权力、行政权力集中在学校层面不利于学校办学活动的实施，因此，权力的下放是必然的。在很多方面，学术权力或者行政权力的抓手来自二级学院，因此，二级学院先天就具备享有学校事务管理权的基础。

　　最后，在"学术权"方面，要理顺学校学术委员会和各学院学术委员会之间的关系。学校学术委员会与学院学术委员会同属于学术权力机构，二者在职权上具有共同性，二者的差别在于职能范围不同。从关系上来说，学校学术委员会和学院学术委员会存在业务指导关系。从任职上来说，学校学术委员会委员和学院学术委员会委员可能是交叉任职。学校学术委员会和学院学术委员会要建立起职权明确，在业务和权限上各有分工、各司其职的良性互动关系。

4. 科学配置权力，建立职责明确、分工协作的横向治理体系

　　首先，在职能部门的设置上，可以采取围绕中心任务的精干高效的模式。要紧紧围绕高校教学和科研两大中心而设置，对与教学、科研关系不大的部门尽量不设或少设，一切围绕教学和科研。在职能部门设置的数量上，要遵循管理的规律，最大限度地发挥职能部门的作用，职能部门数量最好不要超过学校下设教学单位的数量，否则就会显得"头重脚轻"，违背了高等教育发展的规律。

　　其次，加强职能部门之间的分工和协作。部门分工必须明确，要做到各司其职，确保学校各项工作得到落实，权责划分清晰。同时，协作必不可少。要加强与各个方面的联系、沟通与合作，理顺与其他部门的关系，互相配合，互相监督；信息资源共享，避免不必要的重复劳动，提高工作效率，发挥整体工作效益；政策出台之前对于涉及其他部门的有关政策，一定要相互通气，避免制度出台后出现相互矛盾的现象。职能部门之间要根据各自的工作性质和任务，协调相关单位，调动人力、物力和财力，做到分工协作，互相支持，目标一致，协同协作。职能部门之间应当加强联系、做好部门之间、部门与校外机构之间的沟通与合作，彼此配合，形成工作合力，推动学校工作的顺利开展。

　　最后，建立激励考核制度，加强人员管理，提高管理部门的工作效率。科学的激励考核制度有利于改善职能部门工作作风，提高工作效率。

5. 规范权力使用，建立行之有效的内外部监督体系

（1）完善高校内部监督体系。高校的监督制度建设应遵循整体性、系统性原则，紧紧围绕掌权、用钱、选人的关键环节，结合学校实际，统筹设计监督制度体系，建立起制度制定、执行、监督相互分离、相互制约的体系。监督制度建设必须借鉴权力制衡的合理内涵，建立起一套相互衔接、相互作用的制度体系，保障权力之间的相互制衡，防止权力运行过程中的权力滥用，堵塞滋生腐败的漏洞。要进一步完善工会、教代会、特邀监察员、信访举报等民主监督制度，推行校务公开，既要公开各项制度的具体内容，又要公开各项制度的执行结果，提高工作的透明度，扩大广大教职工及学生的知情权、参与权、表达权、监督权，要真正从制度上明确广大教职工及学生监督的权限、形式和程序，防止民主监督的"缺位"与弱化。

（2）完善外部监督体系。

第一，政府要通过制定教育法律法规、制定教育发展规划、统筹安排高等教育事业发展等形式，监督与规范高校的行为和活动，确保其办学在一定范围内自主，不偏离高等教育的基本功能和核心价值。同时，也可以更多地运用制定标准、拨款、提供信息服务等手段，对高校进行间接的、非强制性的管理。

第二，应该积极引进第三方机构进行评估管理，将第三方机构评估的结果作为评价高校的重要依据。要做好顶层设计，快速建立一批高资质、高信誉的第三方专业教育服务机构。在此基础上，逐步扩大行业协会、专业学会、基金会等各类社会组织对高校教育评价的参与广度和深度，以保证第三方评估的质量和效益。

第三，完善理事会制度，充分发挥社会力量对大学发展规划、学科建设、科学研究等方面的咨询、审议和监督作用，保证社会监督的有效性。

6. 理顺校生关系，将学生作为重要的利益相关方纳入治理体系

学生是学校的主体之一，是学校的重要利益相关方，学校在构建多元治理体系的时候要充分尊重学生的主体地位和权益。

（1）合理定义学生自治权利的边界。学生的自治权利是有边界的，所以在性质上适合学生参与的事项，应当尽量让学生参与；与学生的日常生活具有密切关系，而且管理、运作上也不需特别的知识、能力、资格的事务应当尽量让学生自主管理。

（2）畅通学生自治组织参与学校事务的渠道。学生自治组织在学校治理中的参与方式，可以分为制度化和非制度化参与方式两大类。制度化参与方式包括：第一，特别事项上的民主决策；第二，学生代表作为各级各类委员会的正式成员参与决策。非制度化参与方式包括：第一，学生媒体，如报纸、学生电台、学生网站、BBS 等进行舆论监督；第二，召开研讨会、论证会；第三，合法性集会或示威等。学校应该多开辟学生参与的有效渠道，特别是在学生会、团委等学生自治组织的治理上应该多下功夫，从其性质和功能角度出发，努力发挥其应有的作用，促使学生权利在学校运行中得到充分体现。

（三）完善高校师生权益救济制度

1. 依法健全校内纠纷解决机制

高校要树立法治意识，把法治方式作为高校与师生矛盾、高校与师生冲突的基本解决方式。在此基础上，建立健全校内信访、调解、申诉等争议解决机制，并综合运用上述解决机制有针对性地，依法、妥善、便捷地解决高校与师生权益的纠纷。

2. 完善师生权利救济制度

高校要设立教师申诉或者调解委员会，对教师因职责权利、职务评聘、年度考核、待遇及奖惩等与学校及有关职能部门产生的纠纷，或者教师对学校管理制度、规范性文件提出的意见，及时进行调解和处理，并给出申诉结论或者调解意见。教师申诉或者调解委员会应当有广泛的代表性和权威性，成员应当经教职工代表大会认可。高校还要完善学生申诉机制，应当建立相对独立的学生申诉处理机构，其人员组成、受理及处理规则，应当符合正当程序原则的要求，并允许学生聘请代理人参加申诉。学校处理教师、学生申诉或纠纷，应当设立并积极运用听证方式，保证处理程序的公开、公正。现代领导学将领导体系划分为决策系统、执行系统、监督系统和咨询系统。完善师生权利救济制度，必须同时辅以决策权、执行权、监督权相互制约的运行制度。

3. 健全安全事故及突发事件的应急处理机制

高校要根据新时代高校学生的特点，创建法治的校园文化环境。法治的校园文化会对高校、教师、学生的工作、学习、生活方式产生一定的影响，在高校法治文化熏陶的基础上，健全高校安全事故、突发事件的应急处理机制，切实保障教师、学生的人身安全和财产安全，维护高校秩序的稳定。要积极借助政府部门、社会组织等的力量构建高校安全风险管理体系，形成以校方责任险为核心的校园保险体制，建立高校安全风险管理制度、学生伤害事故调解制度、健全安全风险的事前预防、事后转移机制，建设平安、和谐校园。

（四）完善教育行政管理体制

1. 完善高等教育法律法规体系

完善教育行政管理体系，实现教育行政部门依法行政和高校依法治校，首先要做的就是完善高等教育法律法规体系，保证教育体制改革有法可依。用法律法规规范教育行政机构的管理、监督行为以及高校行使办学自主权的行为，明确双方的权利义务范围和行使权利的具体程序，规定相关义务主体在违反法律法规时所需要承担的法律责任，依法保障高校的办学自主权，同时监督高校依法行使权利，营造一个有利于高校依法治校的法治环境。

2. 教育行政部门要依法行政

教育行政部门依法行政是高校依法治校的前提，要求教育行政部门切实转变行政管理职能，让"法治"成为教育行政部门管理高校的手段。教育行政部门依法行政的依据是国家制定的高等教育法律法规，要厘清其与高校权利、义务之间的界限，以法律规范教育行政部门的行为，落实高校的办学自主权。

3. 健全监督机制

目前，高校在依法治校中存在很多问题，很大程度上是因为对高校运行缺乏健全有效的监督机制。改进高校的监督方式，有以下几种方式。

（1）保证信息公开和透明。当前在高校治理中出现的问题，很多都可以归因于信息封锁和信息垄断造成的信息不对称。因为信息不对称，高校师生和社会各界想要参与高校治理时，就会缺乏有效信息，而对权力的监督也将流于形式。

（2）设立组织监察专员制度。当前，在高校的内部治理中，纪委是主要的监督力量，但对比较细微的不当行为缺乏有效的监督方式。如果引入组织监察专员制度，就能发挥纠错功能，完善高校的内部治理，并与其他的监督形式互补，构建全面覆盖的监管体系，促进高校治理的规范化和法治化。针对高校长期存在的学术造假情况，教育行政部门应该完善监督体系与问责机制，在学术造假教师的档案内进行记录，对其将来发表的论文和研究成果要更加严格地审查，同时暂停其职称和荣誉的评定。

（3）完善对高校的司法监督。高校拥有学术自由等自治权，但没有任何权力可以不受规范和约束。大学的自治权一旦不受约束地行使，就有可能侵犯高校师生的权利。当学校和师生处于不平等的"上下位"关系时，高校很容易借"大学自治"之名，对师生实施不当行为。因此，为防止高校滥用权力，有必要对高校的权力行使引入司法监督，促进高校在法律法规的规定下行使权力。

4. 完善教育评估机制，构筑多元评估体系

党的十八届三中全会提出深入推进"管办评分离"，这有利于转变政府职能，形成学校办学、政府管理、社会评估的新型模式，明确政府职责，规范学校的办学行为，发挥社会参与作用。当然，政府在高校办学的过程中应当起到督导作用，但这并不意味着教育行政管理部门可以监督、评价、评估教育的一切。要保证高校真正实现依法治校，必须完善教育评估机制，构筑多元评估体系。

（1）完善社会中介评估机制。教育评估机制由政府评估、社会中介评估和学校自我评估共同构成，彼此之间相互补充，不可替代。目前，我国更加重视教育评估中的政府评估，而忽视了社会中介评估在评估体系中的重要作用。教育评估权力集中在教育行政部门，信息来源不公开、不透明，导致评估结果缺乏科学性和公正性，很难成为市场上衡量高校教育质量的重要依据。因此，有必要发展和培育一些专业的社会评估机构，依靠科学、公正、高质量的评估工作，为社会提供参考，也为高校自身发展提供一个参考标准。

（2）完善高校自身评估体系。完善评估体系，除了完善社会中介评估机制，还应当完善高校自身的评估体系。高校外部的评估可以促进高校的进步和发展，但高校内部的自我评估才是高校不断自我发展的关键。高校应当结合自身特点，制定一套符合自身实际的评估标准，既要符合国家的教育方针和相关的法律法规，又要充分考虑日常教学工作目的和要求；要体现高校的教育质量，同时也要反映学校的人才培养能力，使高校的内部评估在规范学校工作、提高教育质量、为社会培育优秀人才方面发挥更大的作用。

（五）建立健全依法治校法律法规体系

1. 高等教育法律层面

（1）尽快制定学校法。从我国学校发展的需要与教育立法的现状来看，从法律上讲，学校法的核心问题是学校办学与发展的权利和义务问题，这里涉及学校与政府、学校与社区、学校与校长、学校与教师、学校与学生等方面的多种教育法律关系。厘清这些法律关系，才能让依法治校工作得到实施和推进。

（2）尽快制定大学法。不同的教育有不同的特征，高等教育不同于义务教育和中等教育，大学不仅不同于小学和中学，而且与其他的高等教育机构不同。作为特殊的社会组织，大学集教学、科研和服务三种职能于一身，不仅担负着为公民提供高等教育的职能，还担负着为国家培养人才、为社会提供服务、为整个人类文明追求真理的职能。大学享有学术自由，既需要法律对作为学术自由的保障性制度——大学自治制度的确立，又需要法律对大学权力运行进行相应的规范，而这都有待于大学法的制定。只有制定单独的大学法，才能突出大学学术自由与大学自治的特征。

2. 行政法规、地方性法规、规章和规范性文件层面

法律之下的位阶依次是高等教育行政法规、高等教育行政规章、地方性高等教育法规和规章。我国高等教育法律之下的规范性体系不健全。纵观我国的高等教育行政法规、行政规章、地方政府法规和规章，可以发现，关于依法治校的行政法规其实数量非常少，行政规章的数量庞大，呈现出杂乱无章的状态，没有形成比较系统的教育立法体系，而且下位阶规范与上位阶规范抵触现象较为严重。因此，有必要构建完善的高等教育规范性文件体系，充分发挥规范性文件体系对高等教育法律的配套功能，充分利用规范性文件体系的"特殊性"和"个性"特点，使其满足我国国情的需要。此外，还要加强规范性文件的合法性审查，对于不适用的法规进行全面清理。

3. 高校内部规范化体系

完善校内规范化体系应做到以下几点。

（1）让高校内部规章制度的制定有法可依。任何制度的制定都要按照制度来进行，也就是说高校必须先有制定制度的制度。这个制定制度的制度，应该包括制定制度的原则、程序、时效及对制度的修订、废止等内容，在形式上还要对制度做出科学分类和规范要求。只有这样，才能保证制度制定得规范、科学、严谨，才能保证制度的长久性和可操作性。

（2）明确高校内部规章制度制定的主体。高校的管理工作涉及方方面面、规章制度的建立也涉及各方面工作，从法律角度来讲，只有独立法人单位有制定规章制度的权力。学校具有独立法人资格、有权制定规章制度，但学校的各职能部门和院系不具有独立法人资格，它们只有在学校授权的情况下，才能制定学校的规章制度。

（3）坚持"法律优位"和"法律保留"原则，加强对制度的合法性审查。法律优位原则是指其他国家机关制定的一切规范，都必须与全国人民代表大会制定的法律保持一致，不得抵触。法律保留原则是指行政行为只能在法律规定的情况下做出，法律没规定的就不得做出。在高校制定内部规章制度的时候，不能与国家的法律法规相背离，要采用各种方式方法对自己制定的制度进行合法性审查。

（4）加强对制度执行情况的监督检查。要建立健全制度执行的监督机制，每项制度都要明确监督执行的责任部门，使制度执行的监督责任无可推卸，可采用日常督查和专项检查等方式随时掌握制度执行情况，及时发现和解决问题，要建立健全制度执行监督机制和问责机制，对执行制度不力的要坚决追究责任。

（六）完善依法治校的制度体系

1. 进一步厘清、健全学校依法治校的制度体系

在厘清现有问题的基础上，高校应从以下几个方面完善依法治校的制度体系建设。

（1）建立以大学章程为主的制度。高校要在坚持社会主义办学方向的基本原则基础上，遵循《中华人民共和国宪法》《中华人民共和国教育法》等上位法的要求，依据《高等学校章程制定暂行办法》制定或者修改章程，由教育部或者省级教育行政部门核准。

（2）民主参与，保障制度落到实处。高校制定章程和制度，要在依法制定的基础上，进一步提高制度的精准性。高校的制度关乎学校、教师和学生的切身利益，在制定期间要全校民主参与，要遵循民主、公开的程序，广泛征求校内外利益相关方的意见，尤其是涉及师生权益的，更要通过一定的形式进行调研了解。

（3）依法审查，定期清理不合时宜的制度。高校要设立或者指定专门机构，对校内规章制度进行审查，建立规范性文件审查与清理机制。要建立规范性文件和管理制度定期清理制度，清理结果要向师生公布。新的教育法律法规、规章或者重要文件发布后，要及时对照修订校内相应的规章制度。要在学校内形成决策权、执行权与监督权既相互制约又相互协调的内部治理结构，保证管理与决策执行的规范、廉洁、高效。

2. 进一步转变政府职能，健全对高校的监督和指导

教育行政部门要转变政府职能，切实转变对学校的行政管理方式，按照法律规定的职责、权限与程序规范行政权力的行使。

（1）逐步放权，转变对学校的行政管理方式。政府部门尤其是各级教育行政部门要切实转变管理学校的方式、手段，从具体的行政管理转向依法监管、提供服务；切实落实和尊重学校的办学自主权，减少过多、过细的直接管理活动。在大力推动依法治校工作的同时，按照法律规定的职责、权限与程序对学校进行管理，严格依法行政，规范行政权力的行使。

（2）开展指导，健全对学校的监督机制。政府部门要遵循法定职权与程序，积极运用行政指导、行政处罚、行政强制等手段，依法纠正学校的违法、违规行为，保障法律和国家政策的有效实施。

（3）加强考核，完善对高校的评价机制。政府部门要把依法治校情况作为对学校进行综合评估的重要方面，在对学校办学和管理的评估考核中，更加突出依法治校综合考核的作用，减少对学校具体办学与管理活动的干扰。

3. 各司其职，形成高校内部法治的维权环境

高校的组成部分包含管理者、教师和学生，依法治校需要三者各司其职，树立依法治校的意识，进行依法治校能力的培养、维护权益，形成良好的法治氛围。

第一，管理者必须带头增强学法、遵法、守法、用法意识，牢固树立依法办学、依据章程自主管理、公平正义、服务大局、尊重师生合法权益的理念，自觉养成依法办事的习惯，切实提高运用法治思维和法治方式深化改革、推动发展、化解矛盾、维护稳定的能力，准确把握权利与义务、民主与法治、实体与程序、教育与惩戒的平衡，实现目的与手段的有机统一。

第二，教师要全面提高依法执教的意识和能力，要在入职培训、岗位培训中，专门安排时间，认真学习法治教育的内容。建立健全考核制度，对于重要的和新出台的教育法律、法规，要积极参加学习和培训。

第三，学生要增强法治意识，提升法律素养。积极参加学校的各类法治教育，深入开展法治教育理论的学习和社会实践，通过课堂教学、主题活动、社会实践等方式，掌握法律知识，培养法治理念。要把法治文化学习作为高校学习的重要组成部分，将平等自由意识、权利义务观念、规则意识、契约精神等理念，渗透到自身的行为规则、日常学习生活当中。

第八章 "互联网+"时代下的高校学生管理工作的发展趋势展望

第一节　进一步开展互联网媒介素养教育

一、参与式文化下高校学生网络媒介素养教育的特征

（一）教育理念的转变更新

在传统教育模式下，教师在教育教学中处于中心地位，对教学效果起决定性作用。但在网络时代，学生可以通过多种途径获取信息，教师逐渐失去了在知识传授过程的主导地位。有观点认为，随着网络媒体的普及，我国已步入"后喻文化"时代。这对传统的师生关系提出了新的挑战，需要教育工作者将教育理念由"教师中心论"向"师生相长型"转变，即立足学生参与互动融合理念，在分析学生诉求和认知行为、研究学生网络媒介使用习惯的基础上，制定出顺应时代的发展特征、具有针对性的现实媒介素养教育培养方案。

（二）教育方法的创新发展

新媒体因其交互性、时效性、多媒体性、多元文化性等特征而受到当代大学生热捧。现阶段，大学生不再将报纸、电视、广播等传统媒体作为获取信息的唯一渠道，而倾向于借助 App 移动应用服务、SNS 社会性网络服务等新媒体平台获取资讯，享受参与和互动的乐趣。这就对教育方法的创新发展提出了更高要求，需要基于参与式文化形式，即联系、表达、共同解决问题，改变原有灌输式、一言堂的教育方法，而变为注重学生与周边环境的融合、自身感受与意见的表达、团队成员的交流互动、多样化的传播形式和交叉性的传播平台等。

（三）评价反馈的机制完善

美国传播学者亨利·詹金斯曾提出 12 项新媒介素养能力，即游戏能力、表演能力、模拟能力、挪用能力、多重任务处理能力、分布性认知能力、集体智慧能力、判断能力、跨媒介导航能力、网络能力、协商能力和可视化能力。这表明网络时代对于个人媒介素养的需求是新媒介发展在技术和内容上对受众能力有更高层次要求，也是来自受众在新媒介中希望满足自己在社交、尊重、

自我实现等更高层次需求的结果。为顺应新时代的人才培养需求，要进一步完善现有媒介素养教育中的评价反馈机制，将仅仅注重媒介文本阅读理解能力延展至注重对实践参与能力、角色转换表现能力、信息采集再加工能力、监测环境把握事物关键细节能力、了解尊重适应多元文化能力等综合能力的考察。

二、加强大学生网络媒介素养教育的必要性

虽然部分教育界及学界人士已经意识到网络媒介素养教育的意义和价值，但总体而言，我国的网络媒介素养教育依然处于初级阶段，具体表现为以下三个方面：

（一）缺乏公共政策的制度保障

大学生网络媒介素养教育作为一项亟待开展的系统工程，需要政府部门牵头制定相关公共政策，对该项工作的技术支持、经费保证、协调推广、具体职责等进行顶层设计和统一规划协调，建立覆盖课堂教育、社会教育、家庭教育的全方位、立体化的教育体系。

（二）缺乏课程体系建设和规划

目前，国内大部分高校未将大学生网络素养教育课程纳入教学大纲中，未明确要求学生掌握媒介素养基本知识和能力，未开设与媒体传播运作、媒介内容赏析批判、传媒法规与伦理等方面的课程。事实上，将媒介素养教育纳入高校课程体系建设，要求学生通过修习指定课程掌握有效获取媒介讯息、了解媒体运作功能、批判选择媒体传播内容、制作传播媒体作品等能力，是提高大学生媒介素养和综合素质的重要途径。

（三）缺乏科学调研和系统研究

目前，国内对于媒介素养教育的研究主要集中在介绍西方媒介素养教育开展情况、媒介素养基本内涵及认知、媒介素养教育的重要性等方面，缺乏对国内大学生开展网络媒介素养教育的科学调研和系统研究，缺乏符合我国国情和大学生特征的教材和教育宣传片等。

在参与式文化下，结合我国国情和高等教育发展现状，加强大学生网络媒介素养教育培养，可以从政策制定、课程开发、教师培养、社会实践、科学研究等环节入手，构建具有针对性和可行性的网络媒介素养教育体系。

1. 顶层设计

政府管理部门通过相关政策的制定，将网络媒介素养教育纳入教育规划体系和公民教育体系，明确网络媒介素养是新时期必备的公民基本素养。加拿大媒体教育学家约翰·庞甘特在调查世界各国媒介素养教育实施状况后认为，媒介素养教育成功的要件包括教师的教学意愿、学校行政的支持配合、培训机构

的师资设备、常态持续的培训、专家的支持、充分的教学资源、教师自发性成长团体运作。为保证我国媒介素养教育有效开展，政府管理部门必须发挥顶层设计和统筹协调作用，通过加强宣传教育，净化网络舆论空间，引导公民了解并自觉遵守网络法规和伦理；通过制度保障、经费投入、政策支持等手段，统筹协调高校、研究机构、新闻媒体、民间组织等社会资源，为大学生网络媒介素养教育工作的开展提供必需的政策支持、物质支持、智力支持，促成政府统筹、高校主导、社会参与的网络媒介素养教育体系的构建和完善。

2. 课程配套

高校加强网络媒介教育课程开发管理，将相关课程纳入人才培养规划和课程建设体系。学习借鉴国外的课程设置方式，采用专业课程、课程融合、跨学科整合、主题教学等课程模式。例如，德国将媒介素养教育融入计算机课程中，借此引导讨论社会政治议题。我国台湾地区将媒介素养教育与哲社课程相融合，注重学生的情感体验和互动参与。

3. 队伍建设

重视高校教师媒介素养能力的提升，将媒介素养纳入教师考核体系。媒介素养不仅是专业课程教师所需具备的基本能力，也是其他专业或学科教师、行政人员所必须具备的基本技能，包括感知理解媒介的能力、选择整合媒介内容的能力、利用媒介创造传播的能力等。提升高校教师媒介素养的根本目的在于使教师通过教学科研活动，将认识、理解、整合、批判媒介的基本素养在潜移默化中传授给学生，提升学生的媒介素养。高校可以通过完善优化现有考核体系，检验教师课堂教学和科研工作中体现出的媒介素养水平，以及授课过程中的媒介使用能力、利用媒介制作传播教学内容的能力、媒介整合和信息选择能力等，并对教师是否注重课堂内外学生的实际参与和互动体验进行重点考核。

4. 课程设计

将媒介素养教育与第二课堂教育相融合，在社会实践、志愿服务、科研创新等方面加强网络媒介素养教育。"参与式"文化体系所具有的注重个人体验和互动参与的特性，与大学生第二课堂教育相得益彰，契合了其文化育人、实践育人、环境育人的育人理念。例如，引导学生利用网络媒介获取、创作、传播信息，选择网络媒介平台进行项目和实践的宣传，以网络媒介素养为研究对象开展研究，利用网络媒介进行社交，提高团队及项目的知名度，在实践中提升并检验自身的媒介素养能力。

5. 实践结合

鼓励扶持对网络媒介素养教育的科研工作，在课题申报、征文、竞赛中予以重点关注，鼓励高校思想政治工作者、专业教师、行政人员开展网络媒介素养研究，并对具有一定研究价值的项目给予扶持，推动研究成果转化。对研究者给予技术、资金、物质等方面支持，提供平台鼓励研究者开展对外交流合作，学习借鉴其他国家或地区的有效经验，推动我国大学生网络媒介素养教育的开展。

三、"互联网＋"时代我国大学生媒介素养教育存在的问题

新媒体语境下大学生媒介素养存在诸多问题，主要原因在于我国媒介素养教育的长期缺失。要想除此弊端，既要加强完善对新媒体的监督管理体系，更重要的是调动社会、学校、媒体与家庭四方面的联动作用，构建四位一体的媒介素养教育体系。

（一）高校媒介素养教育的缺失

高校的教育是大学生提高媒介素养最直接有效的途径，但目前我国高校普遍不重视大学生的媒介素养教育，教学实践基本处于空白。尽管我国对媒介素养教育的研究已有多年历史，但仍然停留在理论阶段，没能从我国的媒介生态的大环境中对媒介素养教育实践提出有益的建议。

在实践中，只有少数大学生能通过有限的校园媒体资源去参与、体验媒介的运作，但在过程中缺乏专业老师的指导和培训，基本处于自发状态。在理论上，除了传媒相关专业学生，学校很少面向其他专业学生开展关于媒介素养教育的相关课程讲座。

（二）新媒体中"把关人"作用的缺位

教育并非一定来自课堂，大学生对媒体的接触、实践也是一种间接受教育的方式。新媒体所提供的价值取向，无论是对信息价值的判断或对事件的思考，都会潜移默化地影响大学生对于客观世界的认知判断，甚至为他们形成价值观提供参照。在新媒体环境下，传播者、受众的界限模糊，"人人都有麦克风"、人人都是"把关人"，但是专业素养的缺乏使得信息的真实性和质量难以保证。值得注意的是，在新媒体中是否进行把关，更多的不是能力问题，而是态度与观念问题。为了获得眼球经济，争取更多的受众，网络媒体的信息筛选加工往往只看市场标准，使得许多虚假、媚俗的信息充斥其中。新媒体公信力的降低和"把关人"的实际缺位，给大学生带来了负面影响，使他们形成重物质享乐、轻责任理想的风气。

（三）国内媒介素养教育体系建构不足

在我国，"素质教育"的口号已经喊了很多年，许多地区也纷纷出台文件，试水教育改革，但是始终无法撼动拥有悠久历史的应试教育体制。家庭和高校

对青少年的培养带有明显的功利主义色彩，追求实用和速成。媒介素养教育的成果，寓于长期、持续的教育之中。这两者之间的矛盾揭示出我国媒介素养教育难以形成规模的历史根源。

此外，我国媒介资源有限而人口数量庞大的现状也使媒介素养教育的推行缺乏硬件支持，难以形成一定的规模和体系。同时，媒介素养教育缺少政府部门政策的支持和推行媒介素养教育的专门机构，这也是社会各界对媒介素养教育的紧迫性和重要性无法形成正确认识的根本原因所在。

四、针对新媒体环境下我国大学生媒介素养存在问题的解决措施

为了提升我国大学生的媒介素养，针对新媒体环境下大学生媒介素养存在的问题，汲取国外先进的媒介素养教育成功经验，我们可以尝试从以下几个方面着手：

（一）学校方面

1. 开设媒介素养教育课程，建设高素质媒介素养教育队伍

媒介素养是一个新的课题。截至目前，我国还未完全找出一条适合本国国情的媒介素养教育实践的道路来。大学生对于"媒介素养"这一名词既熟悉又陌生，对于媒介素养教育学科的含义也缺乏较为理性的认识。在大学教育中导入媒介素养教育课程，结合各高校的优势力量，是解决大学生媒介素养问题最有效、最科学的方法之一。高校在课程的设置上，可以专门开设实践性课程与多元理论性教育课程相结合的模式；还可以通过举办相关讲座、辩论会等活动，以不同形式促使大学生树立正确的新媒体观念。

2. 营造媒介教育氛围，进行媒介素养宣传

媒介素养要进入校园，融入大学生的生活中，还要有一个大家认识和认可的过程。因此，大学校园应充分利用自身传播知识和文化的优势，加大对媒介素养宣传力度。校园广播、电视台、报纸、期刊、社团等都是校园媒介素养宣传的舆论阵地，它们作为在校学生的精神环境，对大学生有着不可替代的潜移默化的影响。所以，加强校园媒介素养宣传，就要形成全方位的校园舆论环境，利用各种媒介形式和手段，营造良好的媒介教育氛围。

3. 充分利用大学校园资源，增加媒体认知

调查显示，很大一部分的大学生较少参与到媒体信息的制作与发布中，这无疑给媒体工作蒙上了一层神秘的面纱。大学校园有着各式各样的教育、学习工具。校报、校园广播电台、电视台、校园微博等都是大学生可以接触并参与其中的媒体资源。高校应充分鼓励大学生利用校园媒体资源，如建立校园校报编辑室，让学生亲自去采访、编辑、制作和发布信息；开设校园微博，建立校

园微博管理委员会，让学生参与微博的开通、传播和管理的一系列过程。

（二）媒体方面

1. 媒体和大学校园合作，为大学生提供实践平台

媒介素养教育与媒体实践是双向互动的，大众媒体应与大学校园"联姻"，为大学生提供更多的实践机会。例如，传媒与校园联合发起"DV 校园新闻制作"大赛，媒体专业人士走进大学为学生提供专业指导，大学生从拍摄—加工—制作全程亲自参与，最后学校评选出优秀的作品在媒体平台播出，使学生在获得成就感的同时还能收获到相应的媒介知识。网页制作大赛、校园新闻制作大赛等无疑都可以成为媒体与校园合作的最好形式。与此同时，学校还可以定期邀请知名主持人、经验丰富的编辑、记者等走进高校，与学生进行面对面的交流互动，增加大学生对于媒体的感性认识，消除大学生对于媒体的陌生感。只有这样，才能不让大学生被媒体的形式和内容"牵着鼻子走"，成为媒体的理智消费者，而不是单纯地鉴赏、浏览传媒发布的信息。

2. 媒体发挥"把关人"的作用，提高自身的公信力

媒体在信息生产和信息筛选方面应扮演好"把关人"的角色，各式各样的传媒文化给大学生的价值取向会带去强烈的冲击，在很大程度上影响着他们的人生观和价值观。面对大千世界中纷繁复杂的各种信息，媒体往往掌握着这些信息能否发布和传播的选择权。媒体理应帮助大学生认识社会、积累知识，使每位大学生在媒体所传递的正确价值导向中耳濡目染地逐步得到提高。因此，媒体工作者就应努力提高理论水平，努力提升自身的采编素质，同时，要坚持正确的舆论导向，以正确的舆论引导大学生，这样才能引导那些辨识能力弱的大学生认清真实的信息。最后，媒体从业人员必须树立职业道德，对自己职业行为所产生的社会作用和社会意义承担相应的责任。

第二节　优化高校新校区网络平台的构建

一、高校网络平台构建的有利条件

（一）时代发展的需要

在互联网迅速发展的时代背景下，网络已经与人们的生活息息相关，其用户群数量大、覆盖年龄范围广，影响力正随着时间的推移逐渐凸显，它以其特有的平台特性默默地影响着人们的价值观念和思维方式，以其资源丰富的特点改变着人们的学习方式，以高效便利的特点改变着人们的交往方式。因此，高校应牢牢抓住这个难得的契机，在学生的教育与管理中融入更加多样、更加吸引人的方式，使教育、管理、服务育人的功用在网络平台中得到淋漓尽致的发挥。在高校新校区的文化建设及信息化建设方面，可依托社会上已形成的较成熟的网络平台，这些平台经过测试及使用更具有适应性，降低了因网络平台硬件问题带来的发展困扰。

（二）发展前景好

校园网络平台因其网络特性，具有活、全、新、快的众多特点，同时也有利于用户的使用和参与。校园网络平台既是传播校园主流文化的新阵地，也是高校文化内涵、办学精神、优势特色的最佳展示窗口。虽然高校由于发展时间相对较短，在网络平台的构建上较为滞后，但这反而减少了改革及发展的阻碍，不会因为固化的思维方式限制前进的脚步，降低了改革引起的阵痛。因而，在发展网络平台、积淀校园文化的道路上能走出全新的模式。

二、高校新校区网络平台构建遇到的问题

目前，多数的高校校园网络平台，都是以展示高校基本情况为主，这样的校园网络平台，用户基本没有参与机会，很难引起大学生的兴趣和关注。在内容上，除新闻和通知类的内容更新较快，其他内容长时间不能更新，甚至部分栏目只有名称而无实际内容，这也使得校园网络平台的关注程度下降。在实用功能设计上，未能针对使用者实际情况考虑，脱离了使用者的实际需求。另外，高校校园网络文化建设的针对性和目的性不明确，未能与高校的大学生教育和引领进行有机结合，缺少引导学生如何正确利用网络资源、如何构建和谐校园网络环境、如何建设健康校园文化等内容。在用户权限设置上，因权限不够，用户很难通过校园网络平台参与校园网络文化建设。

（一）启动实施有阻力

新校区由于发展成长时间较短，在现有的建设期内校园文化还没有形成明确的发展方向，且在文化积淀性方面存在不足，利用网络平台开展校园文化建设还处于空白，建设起点相对较低，加之人力、资源等投入不足，新校区在启动实施网络平台方面具有不小的压力。

（二）形成特色较困难

具有较长发展历程的老校区因其长期的文化积淀，通过实践探索，在网络平台等建设方面已初具规模，形成了符合各校特点的校园文化建设途径。高校新校区成立时间一般较短，且目前国内高校数量较多，不论是行业特色高校还是综合性高校，都在寻求新的发展，在这样的背景下选择并走出一条特色道路相对艰难。

（三）可用资源较匮乏

高校在起步期内，专业人员、配套资金、有关信息源等软硬件条件不足，

系统的管理不到位，更多的是依靠其他部门提供的各类支持。在人力资源方面，不仅是数量及质量，更重要的是学校管理人员对网络认识不全面。

三、高校网络平台的优化途径

（一）打造特色网络品牌

校园网络平台关键性的指标在于内容的准确度及更新速度等方面。目前的高校学生大多是伴随网络一起成长起来的，若想利用网络吸引他们的视线，需要具有特别的形式与丰富的内容。因此，高校校园网络平台应该改变原有的形式呆板、内容简单、功能单一、更新迟滞等不足，更好地解决吸引力不足、利用率低等问题。应完善校园网络平台的功能，提高用户参与程度，加快、加深与校园文化的融合，更好地促进高校的发展。针对上述情况，高校新校区在打造特色网络品牌时应更好地利用社会上较成熟的、影响力较大的媒介。

（二）优化校园门户网站

校园门户网站是每一所高校在网络中展示的绝佳平台，是发布相关信息的固定渠道。在门户网站上可以尝试开辟校园特色专栏，如重庆邮电大学的"红岩网校"、河北农业大学的"太行之路网站"等，大多是以本校学科特色为核心，围绕主体用户——学生，将思想政治教育、专业知识、科学技术、就业引导、特色文化等模块组合。设计优良、布局合理、内容新颖的校园网站不仅能提高社会关注度，更重要的是能吸引更多学生关注校园门户网站，积累荣誉感及归属感。打造校园官方微博，官方微博是网络发声的新媒体，高校、企业、政府等纷纷开通了官方微博，在扩大宣传面的同时，能更加快捷地发布信息，发起交流互动。学生手持手机刷微博已成为一种流行，而利用微博的特性，校园官方微博将学生的注意力凝聚起来，通过发布社会热点问题与话题、普及与学生学习生活相关的知识与信息、组织学生参与活动及话题互动等，利用微博消息发布及时、传播面广等特性，能更好地配合其他校园文化建设活动的开展。

（三）建设其他网络平台

当前，如贴吧、微信、论坛、QQ 空间等也成了新型的交流平台。随着移动终端技术的提升和革新，更多网络用户使用手机或者平板等终端设备参与网络互动。如今大学生使用手机刷微信、逛贴吧、进论坛、写说说、更新空间，已经是普遍现象，此类网络平台已经成为学生闲暇时光抒发个人情感、相互交流的一类重要平台。高校应当重视此类公开网络平台的开发和应用，利用此类平台用户群庞大的优势，推出有特色的高校平台，辅助开展大学生的伦理道德教育，促进校园文化多元化良性发展。当然，高校应利用和管控好这类平台，通过这种类型的网络平台可发起话题、交流讨论、活动宣传等，促进校园文化建设。

（四）充分挖掘潜在人力资源

构建校园网络平台不仅需要一定的物质投入，还需要开发校园内所特有的、庞大的潜在资源——人，动员好、开发好潜在的人力资源既是发挥好人的主体性作用，更是人本主义理论应用于学校教育中的合理化体现。在高校新校区成立时间相对较短的背景下，充分动员专业教师、辅导员群体，集思广益创新内容、提高技术，积极参与校园内各项文体活动；充分动员学生干部、学生党员。学生既是校园网络平台的受益者，也是其参与者。通过利用现有群体、挖掘潜在资源，可以使教育者及受教育者都参与到网络平台的宣传、构建中去。

（五）建立健全管理体制

大学生在社会网络中是最活跃的群体，也是网络互动参与量最大的群体。因此，高校新校区的各部门及院系应提高对网络平台重要性及必要性的认识，加大投入，尽快开发校园网络平台；高校应针对如何引导网络评论、控制网络舆情、监管网络动态，处理网络突发情况等建立专门的技术团队，维护、管理、利用好网络平台。在现有的校园管理制度的基础上，要规范和创新校园网络平台的管理机制，通过统一的规章制度明确管理者、参与者的义务与责任，规范管理、教育引导学生，形成健康积极的网络道德，使校园网络平台的使用秩序井然有序；建立校园网络平台的各级管理体系，使网络信息的监控、收集、分析、干预等反应机制更为完善，保护校园网络平台的正常运转。

（六）营造校园网络文化，共筑品牌校园文化

高校校园文化因网络的介入而更加丰富、鲜活，同时对高校思想政治及德育工作也提出了新的挑战。打造内容丰富、功能完善、具有开放性的校园网络平台，可以引导学生健康上网，传播校园主流文化，展现高校的品牌特色。构建好校园网络平台，营造健康和谐的校园网络文化，共筑品牌校园文化是对网络所带来挑战的有力应对，更能为全校师生提供更加有活力的成长空间。

第三节 教育、管理、服务一体化发展

一、高校教学与学生管理体制和运行机制出现的问题和弊端

在传统高校管理机制下，教学与学生管理统一性差，使得教学与学生管理

在学校与学院之间得不到统筹安排，形成了"各自为政"的管理模式，产生了不少问题。

（一）教风建设与学风建设不能互相促进

普通高校一般实行两级管理模式，学校将管理重心下移至分院。不同的工作业务归属于不同的职能部门，分工明确。在学校一级层面，教务处主管教学管理工作，而学生处主管学生管理工作；在分院二级层面，教务办公室主管教学管理工作，而学工办公室主管学生管理工作。在同一所学校里，教学管理工作和学生管理工作是两个独立运行的不同的工作系统。这样的管理运行模式纵向工作关联性很强，而横向工作关联性很弱，从而导致学校、学院两级的教学管理和学生管理工作在实际运行时，难以形成联动的紧密关系，更难以开创教风、学风齐抓并进的工作格局，即以教风引领学风、以学风促进教风的良性互动机制。

（二）学生成人与成才出现"两张皮"

由于教学与学生管理工作联动机制缺失，工作本位思想严重，专业教师只侧重于教书，不重视育人；学工人员只侧重于育人，不重视教学。教师和学工人员彼此之间缺乏必要的交流、互动与协助，导致管理力度分散，难以形成合力。这就直接导致学生在人格教育和专业学习上的不协调，成人与成才出现"两张皮"。高校在管理人员有限、工作量很大的情况下，这种条块分割的工作模式必然会造成管理人员的严格分工，相应人员的流动和互助功能减弱，故而不能发挥管理群体的作用，工作效率不高。

综上所述，更新管理理念，探索综合管理结构，构建教学管理与学生管理一体化的管理模式势在必行。

二、实施教学管理与学生管理一体化的基础与优势

（一）各类高校之间在人才、科研、资源等方面的竞争异常激烈

从传统的高校竞争方向与排序看，作为实施"985工程"和"211工程"的第一方阵的高水平大学为争创世界一流学校在努力拼搏；作为教学研究型的第二方阵的地方高校为进入国内高水平一流大学的竞争更是空前激烈；其他大学也是加劲发展，竞争同样激烈。高校如果总是沿袭别人的老路发展，以原有的思维模式、价值尺度和质量标准去发展，不可能有所作为。因此，高校不能采用单一路径奋起直追，而要用更加开阔的视野，更有效的办法，集中更多样的资源，走多样化、跨越式的发展办学，才能既夯实基础、扎扎实实做好基本功课，又能大胆、前卫地改革，建立起新的视域、新的路径，充分运用好灵活的机制，发掘组织内部多样化的资源，走超常规发展之路，开启高水平大学的

卓越进程。

（二）践行教学管理与学生管理一体化的初步思路

调整机构设置，优化人员配置，完善分工协调。一是撤销学生处，将学生处的部分管理职能划归教务处，教务处设置教学运行管理、学生管理、教学基本建设管理和实验实践教学管理四个处。二是继续强化二级学院管理职能的重心下移，分管教学的学院领导要协调学生工作，使教学与学生工作有效融合，加强、完善和优化学院办公室职能和人员配置，学院办公室统一负责教学、科研、学工、党务、行政人事工作的日常管理，从而为教学管理和学生管理一体化提供组织保证。

（三）完善和创新一体化管理制度

在现有的教学管理和学生管理各项制度的基础上，根据一体化管理目标要求，优化学校学工部、学生社区、校团委与各学院协调功能，优化各学院教学与学生管理职能，探索建立一个运行有效的教学和学生管理一体化管理模式、管理制度，做好学生教育管理工作。例如，可以试行教学与学生管理联席工作例会制度、任课教师和辅导员交流协作制度、教风与学风建设联动制度等，并计划由教务处牵头，社区、校团委、学生学业信息咨询中心、各学院共同参与，完成教学与学生管理一体化的基本制度框架建设，从而为一体化管理提供制度保障。

（四）加强教学与学生管理一体化的信息建设

教学管理和学生管理统一的信息系统的建成，可以实现信息的集中管理、分散操作、信息共享，使传统的管理向数字化、无纸化、智能化、综合化及多元化的方向发展。为此，高校要进一步完善教学管理和学生管理信息系统的建设，以实现教学与学生信息资源共享及信息互动，促进管理的规范化，增强学校和学院两级教学与学生一体化管理协作，使其更好地为学校的育人功能服务。当然，教学与学生管理信息系统涉及面广、功能性强，它的应用在为学校教学与学生一体化管理工作带来高效、便捷的同时，也将对今后的教学与学生一体化管理工作提出全方位的、更高的要求。

（五）强化"全员育人"工作机制

学生培养涉及教与学两个方面，必须实现二者的结合才能达到培养人的目的。高校要积极探索建立一个全员联动一体化，跨边界、无缝隙，管理重心前移于教学班的"全员育人"工作体系，实行多层面、多角度、全方位育人管理模式，即广泛调动、充分利用各层面管理育人的积极作用，包括班委成员、辅导员、学生家长、专业任课教师、校领导等，全力培养德、智、体、美、劳全面发展的合格人才。

一体化管理模式不是简单地合二为一，而是一种相互统一和相互促进的管理运行机制。因此，我们要紧紧围绕教学管理和学生管理的连接点——"育人"，以教学为中心，激发教师教学的育人功能，促进专业教学和学生管理相互融合，从而逐步建立一个有特色、有效率的教学管理和学生管理一体化的管理模式和运行机制。

第四节　科学性、时代性、层次性相融合

一、高校学生管理工作的现状

（一）学生管理理念滞后，管理体制僵化

目前，许多高校的学生管理还没有摆脱传统教育观念和模式的影响，时常不自觉地对学生训斥，平等交流的机会少；空洞的说教多，心理交流、辅导少；管理的色彩浓，服务的色彩淡；学生管理的权限和主体不明；当学生的权利受到损害时也得不到有效帮助等。这些特点就导致了学生对学校管理的反感，从而表现为学习积极性不高，难以配合学校的管理工作，导致我行我素。这些矛盾产生的缘由是多方面的，但从高校学生管理工作方面进行反思，学生与学校之间的纠纷，问题可能多出在学生的管理方面。高校学生管理工作有很多具体目标，但这些具体目标都必须围绕一个根本目标、朝向一个价值中心——学生的全面发展。这就要求在学生管理工作中坚持人本理念，强调把维护学生的尊严和价值当作管理的最高目标，把学生的长远发展当作管理的根本所在。高校学生管理工作是坚持以管为本，还是坚持以人为本，这是两种不同的理念，这两种不同的理念直接导致不同的管理行为和效果。事实证明，实施人性化管理，不仅可以有效化解学生之间的很多矛盾，降低学校管理成本，而且有利于构建民主健康的师生关系。

（二）学生管理工作形式单一，趋于表面化

长期以来，我国高校学生管理理念滞后，管理体制比较僵化，强制性的管理理念处于主导地位，管理形式过于单一。在新的历史条件下，学生管理工作必然会碰到新问题、发现新情况。高校不断完善学生管理制度，这既是时代对学生管理工作的要求，又是"以生为本"的具体体现。反思以前的学生管理规章制度，充斥的是行为规范、处罚条例和奖惩细则，这类制度置学生于被看管、被监督的环境之下，管理工作趋于形式化、表面化，导致学生的潜能和个性被深深压制，积极性和主动性大受挫折，从学生思想深处去分析问题和解决问题成了一纸空文，尤其在心理问题的开导、人生目标的确立、专业方向的选择等涉及学生发展的大问题上，缺少必要的指导和帮助。现代社会需要的是创

新型人才，只有在和谐宽松的氛围中，学生的个性、兴趣与潜能等才能得到有效的培养、发掘和尊重。因此，强调以学生为本、尊重学生的人性化管理方式必然被提上日程。

（三）学生管理工作者的业务素质跟不上时代发展的步伐

随着素质教育的全面推进，学生管理工作更加强调全面性、层次性和现代性，这就要求学生管理工作者拥有更广泛的管理学知识，懂得采用现代化的管理手段。目前，由于许多高校对学生管理工作者缺乏切实可行的激励机制和管理措施，导致学生管理工作者出现了事业心和责任心欠缺、工作积极性不高的现象。同时，较多高校学生管理工作队伍在组成上采用专兼职相结合的方式，有些兼职辅导员或班主任由于重点关注科研和自身教学业务，致使他们花在学生管理上的时间较少，与学生缺乏必要的交流和沟通。另外，大部分兼职教师在学生管理方面的理论知识欠缺，再加上学生管理工作者外出学习、进修和提高的机会较少，导致他们的业务素质不能适应时代发展的需要。

二、学生管理工作制度化与人性化有机融合的意义

（一）学生管理工作制度化与人性化相融合克服了单纯制度化带来的弊端

以往传统管理模式下的强制性管理，只关注理性因素而忽视了人的因素，学生管理工作程序化、标准化和规定化。这种模式可使各级学生管理工作者职责分明，学生管理工作井然有序地展开，其不足之处在于使学生管理工作者缺乏创造性和积极性，导致对学生的教育和管理机械化，学生本人的潜能、兴趣和个性等得不到有效的发现和培养。学生管理一定要因人、因时、因事而异，应采用刚柔并济、人性化的管理方式，充分发挥学生的主观能动性，使学生由"要我学"变成"我要学"，这是未来学生管理发展的趋势，也是当今社会发展的要求。在专业教学上，我们提倡"因材施教"。在学生日常管理工作中，同样需要因人而异、对症下药，对待不同的学生要采取不同的管理方法，只有这样才能尊重和促进大学生的个性发展。

（二）学生管理工作制度化与人性化相融合是学生工作发展的必然要求

无论是制度化管理还是人性化管理，其目的都是最大限度地调动师生的积极性，顺利实现管理目标——学生的全面发展。激励大多数人、约束少部分人是制定制度必须遵循的原则，因此制定规章制度应得到大多数师生的认可并形成共识，使作为执行者的学生能切身感受到自己的义务与职责并自觉遵守，而不是消极地服从、执行。在规章制度的执行中，还要注意把握适度原则，坚持原则性与灵活性相统一，对学生中的具体问题要因人而异、灵活处理，这些都是人性化管理的基本要求。随着时代的发展和高校学生管理工作的改革，要求

人性化管理的呼声越来越高，这是大势所趋，也是学生管理工作发展的必然要求。

（三）学生管理工作制度化与人性化相融合是培养高素质大学生的现实需要

现在绝大部分大学生自尊心和个性比较强，凡事以自我为中心，欠缺尊重别人、关爱别人，更不懂得替别人着想，换位思考，缺乏实践能力和社会经验，承受挫折的能力较差。上述情况表明，传统的"一刀切"的学生管理模式已经不适应大学生综合素质培养的要求。人性化管理正是针对不同层次的大学生所采取的"量身定做"的管理方式，这种模式把"教育对象"变成"服务对象"，由过去的强制性管理转变为现在的服务性管理，这是管理理念的根本性转变。这种管理理念的本质就是以学生为中心，明确学生是教育和管理的主体，而不仅仅是管理的对象，是按照社会对大学生的素质要求实施的人性化管理。

三、学生管理工作制度化与人性化两者关系认识上的误区

（一）制度化与人性化在学生管理工作中是互为对立的关系

制度化管理是以制度规范为基本手段，协调组织机构协作行为的管理方式，是强调依法治理，严格依循规章制度，不因个人因素而改变，强调"规范化"的一种管理。纯粹的制度化管理较少考虑个人因素，是一种刚性管理。人性化管理，从字面意义上说，即是以人为本，在管理中理解人、尊重人，充分发挥人的创造性和主观能动性。人性化管理在于实现个体的发展与价值，是一种柔性管理。因此，部分学生管理工作者认为，制度化管理和人性化管理是矛盾的两个对立面，若强调制度化管理就无法实施人性化管理，若重视人性化管理就兼顾不了制度化管理，两者不可兼得，否则就不是纯粹意义上的制度化管理或人性化管理。但是，制度化管理和人性化管理并不是对立的两个极端，而是在不同层次上的两种管理手段。相比较而言，人性化管理是在制度化管理的基础上，更着重于人性化。所以，人性化管理是学生管理工作的目标和方向，制度化管理是人性化管理的基础和保障，两者缺一不可。人性化管理强调的是管理的艺术性，而制度化管理强调的是管理的科学性。没有制度，学生管理工作将失去标准和依据，而没有人性化管理，学生管理工作将失去长远发展的根本。人性化管理必须以制度的完善为基础，二者是相辅相成，不可分割的。

（二）人性化管理不等同于人情化管理

有些学生管理工作者认为，人性化管理会因人性的弱点在管理中暴露出来，从而使管理混乱，以至于毫无章法。在这里需要厘清一个概念，这就是人性化管理不等于人情化管理。人性化管理是以严格的规章制度作为管理依据，

是科学而具有原则性的；而人情化管理则是没有制度作为管理依据，单凭管理者个人好恶，没有科学根据，非常主观的一种管理状态。所以，人性化管理并不是完全抛开制度而只讲人情的，它是一种在制度规范的基础上，更多地考虑人性，从而促使学生能够更全面地发展。因此，"人性化"是在管理制度前提下的"人性化"，它强调的是在管理中体现"人情味"，让管理不再"冷冰冰"。人性化管理的核心是信任人、理解人、尊重人、帮助人、培养人，给人更大的发展空间，给学生更多的关爱，从而提高学生的积极性、主动性和创造性，激发优秀人才的创新意识和创造能力。

四、实现学生管理工作制度化与人性化有机融合的对策

随着全球经济一体化和网络的迅猛发展，学生的思想观念日趋复杂，传统的学生管理工作的管理理念、管理体制和管理方式难以适应新形势发展的需要，新时期高校学生管理工作改革和创新势在必行。

（一）建立科学、规范、完善的学生管理人性化制度是基础

人性化管理是建立在科学合理的制度之上的，离开了合理的规章制度和规范的管理，学校的管理将没有依托，各项工作将变成一盘散沙。规章制度是依法治校的基础。因此，必须建立科学、规范、完善的制度体系，通过制度来充分表达学校对学生的管理态度和要求。问题的关键是制度要合理科学，符合时代发展要求，既要体现对学生的要求，又要充分信任和尊重学生，同时还要体现学校的管理手段和方式。要以教育为主，处罚为辅，并为进一步促进学生全面发展营造更加宽松的氛围和空间。这就要求学生管理工作者要经常开展调查研究，充分了解当代大学生的思想动向，听取他们的合理需求，甚至让他们参与制度的制定，使制度的产生立足于学生的现实需要，制定出公正合理、严格平等的学生管理制度。人性化管理不是放任管理，更不是人情化管理，人性化管理是以严格的制度作为管理依据，是科学规范而具有原则性的，它不是降低规章制度的严肃性和公正性，而是更注重提高管理学生的艺术，改变管理的方式和方法，其最终目的是要教育、培养和发展学生。

（二）转变观念，牢固树立"以学生为本"的管理理念是关键

以理念指导行动，做好高校学生管理工作，最重要的是转变观念，牢固树立服务意识，采取换位思考的方式，从学生的视角去看待问题和解决问题。各项工作必须立足于学生现实发展的需要，围绕调动学生的创造性和积极性而展开，把工作的着力点放到研究学生关注的热点和焦点问题上来，始终以学生的愿望和呼声作为工作的要点，把学生满意或不满意作为检验工作的尺度，让个性在制度允许的情况下得到充分自由地发挥。要积极构建学生成长成才的管理

服务体系，从以强制性教育管理为主的工作格局转变到强化服务、引导和沟通的新格局上来，由传统的"教育管理型"向"教育管理服务型"转变，牢固树立"以学生为本"的管理新理念，使学生管理工作真正抓出成效。

（三）注重提高学生自我教育、自我管理的能力

自我教育能力是指学生自觉主动地把社会要求的思想道德规范在内心加以理解，并通过实践转化为比较稳定的自觉行为能力。当代大学生参与意识较强，他们乐于对自身的生活、学习进行决策和控制，因此有效调动学生的主观能动性，激发学生的参与意识，建立和实行学生工作以管理者为指导、以学生自身为中心的服务型管理模式，充分发挥学生在管理工作中的主体性作用。要善于多角度引导学生，采用多种形式，鼓励学生参与管理，培养他们的自律能力，尊重他们的民主权利，唤起他们强烈的责任感，做到把外部的制度管理与学生内部的自我教育有机地结合起来。学生参与管理的形式是多种多样的，如组织学生成立自律会，检查、督导学校各项规章制度的执行情况，引导学生在管理过程中进行自我反思和自我教育，树立自律、自强意识，帮助学生完成从"他律"到"自律"的转变；让学生参与伙食管理委员会、宿舍管理委员会或担任班主任助理等工作，组织开展各项文明评比活动，学生有权对关系根本利益的大事向学校提出建议；放手让学生会、团委以及相关社团组织开展各项活动，体现学生的主人翁地位。在这种管理模式中，学生具有双重身份，既是管理者，又是被管理者；既学会知识，又学会做人，学生的责任感和自我管理能力均得到提高。

（四）建立一支稳定、优秀的学生管理工作队伍是保障

制度化与人性化有机融合的管理模式对管理者提出了较高要求。在学生管理中，每个管理者主观能动性的发挥，都直接影响着工作的质量和效率。因此，做好学生管理工作，就必须建设好辅导员和班主任队伍，不断把德才兼备的年轻干部和优秀毕业生充实到学生管理工作队伍中。榜样的作用是有效管理的关键。教师作为管理者，要通过自己的行为去影响学生，因此需要教师具有良好的品德及知识素养，处处树立榜样作用，在管理中融入自身的人格魅力；在工作中还应注重学习，不断提高自己的理论水平、业务能力以及正确的决策能力；重视学生在管理中的重要作用，尊重学生，把他们视为朋友，及时发现和表扬他们的优点，以个别提醒的方式指出不足之处，少当众批评，多用鼓励、启发、商量的方式，尽量避免使用命令语气；用公平、公正的心态对待学生，做到对学习好的学生从精神和物质上给予奖励，对出现差错或违反规章制度的学生，给予严肃的批评处理并帮助其寻找原因；在工作中应时刻保持谦虚的作风，善于多方听取学生的意见，修正工作上的不足和偏差。另外，还可采

取听报告或讲座、外出调研或进修等多种形式，加大对学生管理工作者的培训力度，使之真正成为一支理论知识扎实、业务能力强、管理经验丰富的优秀队伍。

高校学生管理工作制度化与人性化有机融合是一种新型的学生管理工作模式。人性化管理和制度化管理并不是对立的两个极端，而且在不同层次上的两种管理手段。在制度化管理中加入人性化管理，实行人性化管理而不忘制度是管理的最高境界。因此，在学生管理实践中更新观念是前提，建立制度是重要保证，研究学生需要是基础，学生参与管理是基本原则，激励是重要手段。只有这样才能充分发挥"以学生为本"的教育理念在管理学生方面的作用，更好地促进高校学生的全面发展。

参考文献

蔡熙文，2020. 高校学生管理与实践创新研究 [M]. 北京：北京工业大学出版社.

程桢，徐俊华，2006. 心理危机的性别差异比较 [J]. 黄山学院学报（4）：58-61.

邓军彪，2021. 地方高校大学生管理工作的创新与实践研究 [M]. 汕头：汕头大学出版社.

奉中华，张巍，仲心，2021. 大学生教育管理的创新与实践研究 [M]. 长春：吉林人民出版社.

高健磊，2021. 新时期高校管理与发展路径探索 [M]. 北京：中国政法大学出版社.

高宁悦，2019. 大学生心理健康教育 [M]. 长春：东北师范大学出版社.

黎海楠，余封亮，2019. 高校学生管理与和谐校园 [M]. 长春：吉林出版集团股份有限公司.

李玲，2020. 高校学生管理工作创新研究 [M]. 长春：吉林人民出版社.

李正军，2002. 高校学生管理工作概论 [M]. 保定：河北大学出版社.

刘伦，2006. 高校学生管理制度创新探索 [M]. 重庆：重庆大学出版社.

刘青春，2021. 信息时代高校学生管理模式的转变及创新 [M]. 沈阳：辽宁大学出版社.

莫春梅，2019. 服务与发展理念下的高校学生管理研究 [M]. 北京：中国原子能出版社.

沈佳，许晓静，2022. 基于多视角下的高校学生管理工作探究 [M]. 北京：现代出版社.

石中英，2003. 人作为人的存在及其教育 [J]. 北京大学教育评论（2）：19-23.

宋丽萍，2020. 新媒体环境下高校学生教育管理工作创新研究 [M]. 长春：吉林大学出版社.

万敏，罗先凤，王利梅，等，2021. 新时代大学生管理能力培养与提升 [M]. 长春：吉林大学出版社有限责任公司.

王炳坤，2021. 高校大学生管理教育与校园文化建设 [M]. 长春：吉林出版集团股份有限公司.

王凯，2020. 和谐校园建设下高职院校学生管理研究 [M]. 长春：吉林出版集团股份有限公司.

王丽花，2014. 高校贫困生心理问题分析及对策研究 ［J］. 科教文汇（下旬刊） （12）：208－209.

王霞，张雪，2014. 不同背景下大学生心理危机主要类型的研究 ［J］. 经营管理者（29）：381－381.

杨金辉，2020. 校园文化建设和学生管理工作的互动机制 ［M］. 北京：原子能出版社.

杨锐，2021. 新时代高校学生事务管理理论与实践 ［M］. 长春：吉林人民出版社.

杨潇，2021. 高校学生管理工作与法治化研究 ［M］. 北京：北京工业大学出版社.

姚丹，孙洪波，2021. 高校教育信息化管理与学生管理工作 ［M］. 北京：中国纺织出版社.

殷琳，2018. 农村大学生心理健康与生命意义的关系研究 ［J］. 校园心理（2）：127－128.

周莹，2018. 高校贫困生心理问题分析及对策研究 ［J］. 黑龙江教育（高教研究与评估）（1）：81－83.

图书在版编目（CIP）数据

"互联网＋"背景下高校学生管理创新与实践研究 /
陈清升著. -- 北京：中国农业出版社，2024. 7.
ISBN 978-7-109-32167-0

Ⅰ. G645.5

中国国家版本馆 CIP 数据核字第 2024QC7088 号

中国农业出版社出版

地址：北京市朝阳区麦子店街 18 号楼
邮编：100125
策划编辑：姜爱桃
责任编辑：姚　佳　王佳欣
版式设计：杨　婧　　责任校对：吴丽婷
印刷：三河市国英印务有限公司
版次：2024 年 7 月第 1 版
印次：2024 年 7 月河北第 1 次印刷
发行：新华书店北京发行所
开本：720mm×960mm　1/16
印张：12
字数：222 千字
定价：78.00 元
